修法と布教

付『仏伝』を読む

今井幹雄

法藏館

修法と布教　付『仏伝』を読む　●目次●

本章●修法と布教 —— 7

付章●『仏伝』を読む――93

本章●修法と布教

如是我聞（聞く心）

冒頭から自著の自慢のようで内心忸怩たる思いでありますが、実は昨年（平成十八年）三月に出版しました拙著『修法～心は神仏の通路～』は、発売と同時に大変に反響を呼んで多くの、特に真言宗内の方々に読んで頂いたのでありますが、この『修法』執筆の機縁となりましたのは、前著『密教法具に学ぶ』だったのであります。

ところで、何故にわたしがこのようなことをお話しするかと申しますと、実は何事かが成就・実現するためには、それだけの因縁がなければならず、そして特に、すべての大乗経典は「如是我聞」すなわち「是くの如く我聞く」という言葉に始まるといわれていますが、「聞く」という心が如何に大事であるかを、わたし自身が痛感させられたからであります。

拙著『修法』がよく読まれたということは、それだけ多くの人が、修法というものに関心を持つと同時に、如何に修法の真の意義を求めていたかということに他ならないのでしょうが、これを逆に言えば、如何に多くの人が修法の真の意義を知らずにいたかということにもなるのでありましょう。

道の遠きを喜ぶ

ところで、『修法』が生まれるためには、一人の青年教師の働きかけがあったのであります。

前著『密教法具に学ぶ』を読んだ一人の青年教師が、自分たちの地方の青年教師会では毎年講師を招いて研修会を行っているが、来年は是非に講師として『密教法具に学ぶ』をテキストに講演をして欲しいと依頼して来られたのであります。

端的にいって、書くことを得意とするわたしは、講演は好きではないのであります。いや、好きでないというよりは苦手であり、不得手なのであります。特に遠路の講演は体調に不安もあり、容易にはお引き受け出来かねるのであります。

「師教を得ての帰りは道の遠きを喜ぶ」という言葉があります。すなわち、良師に邂返して、心に滲みる教えを聞いた帰り道は、その教えを心の中に反芻する喜びを表現したものでありますが、同時にこの言葉には、教えというものは自らが師の許へ足を運んで聞くものであるという意味が隠されているのであります。

例えば、他家へ行くことを「訪問」といい、「訪ねる」あるいは「お伺いする」などともいいますが、これらはすべて師の許へ教えを乞いに行ったことに由来する言葉なのでありましょう。

それは兎も角、わたしは青年の要請を断り続けたのでありますが、その熱意に負けてしまい、そして、どうせ講演をするのであれば、在家向きに書いた『密教法具に学ぶ』よりも、修法そのものについてお話しする方がいいのではないかと思い、講演をお引き受けしてから急遽、『修法』の執筆にかかったのであります。

何故仏足を拝むのか

冒頭わたしは、何事かが成就・実現するためには、それなりの因縁があると申しましたが、拙著『修法』が生まれましたのも、先ず『密教法具に学ぶ』という本があり、それを読んで頂いた一人の青年教師の熱心な聞法の願いがあったからに他ならないのであります。

『修法』にも付章として『観音経』の功徳について触れておりますが、ご存知のように『観音経』は次の言葉で始まっているのであります。

すなわち「爾の時に無尽意菩薩、すなわち座より起ちて偏えに右の肩を袒ぎ、合掌して仏に向いこの言葉を作さく。世尊、観世音菩薩は、如何なる因縁を以てか観世音と名づくる」と。

すなわち『観音経』は無尽意菩薩の質問によって、この世に生まれたのであり、もし無尽意菩薩の質問が無かったなら、『観音経』はこの世に存在することなく、従って『観音経』によって救われる人も無かったことになるのであります。

そして『観音経』には、観世音菩薩の大威神力による霊験を戴く手だてが説かれているのですが、その第一に掲げられているのが、観世音菩薩の名号とその功徳を聞くことであり、神仏のご利益を受けるためには、如何に「聞く」ということが大事であるかが教えられているのであります。そして、ここに経典冒頭の「如是我聞」の意義があるのであります。

では、布教――すなわち教えを説くことは、宗教にとっては最も大事なことと言わなければならないのであります。

釈尊のご生涯はまさに布教伝道の旅に費やされたのであり、わたしたち仏教徒が勤行や修法に際して、先ず三礼によって仏足を戴き、或いは仏足石が拝まれるのもその為であります。

魔性跳梁の時代

曾て或る霊場寺院に参詣しましたところ、本堂の階段を上がったところに、金色の仏足石が置かれていて、案内人から「どうぞその足型の上を踏んでから本堂にお入り下さい。無病長寿の功徳がありますす」と言われたのには、恐れ入ったものであります。

そこで、この足型を踏むと何故無病長寿なのかと尋ねましたところ、この足型の一方には人参や大根のような野菜の模様が浮き彫りにされ、もう一方の足型には鶴と亀が浮き彫りにされていて、要するに菜食をして信心をしておれば、健康で鶴や亀のように長生き出来るというのでありました。

仏足石は、ご生涯を尊い教えを説いて廻られた釈尊の御足を戴き拝むために造られたものであります。それを事もあろうに霊場寺院で、在家の参詣人に踏ませるとは、もってのほかの所業ということになるのであります。

では何故に、転法輪の御足を礼拝するのか。それは先に述べましたように、本来は自らが釈尊の御許へ出かけて拝聴すべきであるにも拘わらず、釈尊ご自身が説法の旅を続けられたからに他ならないのであります。

最近は、業者が浅薄な浅知恵で、仏教本来の精神を誤解するばかりか、金儲けのために都合のいいように解釈して、一般の人を騙すばかりか、無知なお坊さんまでが金儲けに踊らされて、まことに罰当たりなことをする時代になったものであります。

先頃も、新聞に「お地蔵さんはねられて無残」という見出しで、九州のＪＲ九大線の線路内に置かれていた石造地蔵尊に電車が衝突して、お地蔵さんが粉々に砕けたという記事が、無残な破片と化したお地蔵さんの写真とともに出ていました。

破壊されたお地蔵さんは、現場で相次いで三件も起こった飛び込み自殺者の慰霊のために造顕されたものだといいますが、その石仏で列車を転覆させて不特定多数の死傷者を出そうと謀るなど、まさに魔性の所業としかいいようのない時代相を現出しているのであり、これもわたしたち仏教者に真の祈りがないからであると、懺悔せざるを得ないのであります。

仏教は加持と布教

「聞く」ことの大事から、余談が長引いてしまいましたが、仏教の基本は「加持と布教」であります。

これは前著『修法』にも触れていますが、釈尊のご生涯を叙述する『仏伝』には、実に多くの深遠幽玄なる真理が秘められているのですが、「梵天勧請」もその一つであるばかりか、仏教とは何か、仏教は如何にあるべきかという、仏教の根本理念を説き示している最重要場面なのであります。

では、梵天勧請とは何か。

すなわち、六年間に及ぶ山中の難行苦行の後に尼連禪河に沐浴、菩提樹下の瞑想によって正覚を成じた釈尊が、自らが体得した悟りの内容が人語を以ては説き難く、人語を以ては理解せしむることの不可能を悟って、沈黙を決意されますが、梵天の三度に亘る勧請によって漸く転法輪の旅に発たれ、そしてそこに仏教が始まったのであります。

いま、梵天についての詳説の余裕はありませんが、仏教が説く三界——すなわち、欲界・色界・無色界のなかの色界は欲望を去った世界であるために禅天——すなわち、動乱無き世界といわれ、梵天はその色界初禅天の主として梵王・大梵天王とも呼ばれ、清浄・離欲等の意味があるとされています。

インドの古説では、この世の始まりの時に光音天よりこの世に下りてきて大梵王となり、万物を造ったとされていますが、仏教では色界初禅天の主とも十二天の一ともいわれ、帝釈天とともに仏教守護の神祇とされています。

その梵天の三度に亘る勧請によって釈尊が転法輪（説法）を始められたということは、

一体何を暗示しているのでありましょうか。すなわち、梵天勧請に象徴されているのは、仏教が加持感応による説法によって始まったということに他ならないのであります。同時に、如何に不完全なる人語であり、人語を以ては説くに説き難く、人間には受容され難き真理であろうとも、少しでも真理を悟らしめるべく人語を以て説き続ける努力をせよということであり、そこにやがて人語を超えて真理を感得する加持感応の世界が感得されてくるということであります。そして、それを体験するのが修法なのであります。

加持力は光明である

では、梵天勧請が何故に加持感応であるのか。

すなわち、釈尊は欲界中の人界の人であり、梵天は色界の存在であれば、人語を以ては決して通じ合わない異界の両者であります。梵天が人間の言葉で釈尊に説法を要請した訳でも、また釈尊が梵天の言葉でそれに応えられた訳でもない筈であります。何故なら、梵天の言葉とはすなわち光明だからであります。地獄・餓鬼・畜生等の欲界六道はもとより三界を仏教は「世間」と名づけます。「世間」とは「隔絶世界」という意味であります。わたしたち人間が住むこの欲界には、人界の他に地獄や餓鬼、或いは修羅や天界があるといわれても、隔絶世界に生きているわたしたちには、自己以外の世界の存在は感得し難いのであります。

では、如何にすれば、それら異界との加持感応が出来るのであるか。それを解くヒントとなるのが『大無量寿経』の次の一節であります。

「哀れみて施草を受けて仏樹の下に敷き跏趺して座す。大光明を奮い魔をして之を知らしむ。魔、官属を率いて来たり逼試す。制するに智力を以てし皆降伏せしむ。微妙の法を得て最正覚を成ず。釈梵祈勧して転法輪を請ず。仏の遊歩《ゆぶ》を以てし、仏吼をもて吼す」

いわゆる、釈尊の降魔成道と梵天勧請の場面を叙した文章ですが、ここに加持とは何かという重大なことが暗示されているのであります。

ここで注目すべきは「大光明を奮い魔をして之を知らしむ」の一語であります。すなわち、菩提樹下に坐して悟りへの瞑想に入るに際して釈尊は、大光明を発して、自らがこれから悟りへの瞑想に入ることを魔王に知らしめられるのですが、ここに暗示されているのは、光明こそが加持力であるということであります。

何故なら、釈尊は人語を以て「わたしはこれから悟りを開く」と魔に告げられたのではありません。大光明を以て告げられたのであります。では、光明こそが「隔絶」の「世間」を超える加持感応をもたらすものであるといえるのであります。

光明は智慧である

では、加持力の源泉である光明とは何かといいますと、親鸞聖人の『一念多念證文』に「光明は智慧なり、智慧はひかりのかたちなり」とありますように、智慧に他ならないのであります。

では、降魔成道とは釈尊が智慧によって、わが内なる煩悩魔が外なる魔性を招来するという真理を悟られたことを意味するとともに、智慧こそが加持力の基であることが暗示されているのであります。

諸天は光明を以て食とも言語ともするといわれていますが、天とは「清浄なるもの」「光り輝く存在」といわれています。従って、釈尊が梵天と加持感応されたということは、釈尊自身が「光輝く清浄なる智慧」を得られたことを意味するのであります。

梵天勧請が何故に加持感応であるかの説明が長くなりましたが、梵天との加持感応によって釈尊は転法輪（説法）の旅に出られ、そこから仏教が始まったのであります。

では、加持感応と説法こそが仏教の原点ともいうべきものでありますが、ではまた、何故に梵天との加持感応があったのかといえば、釈尊が成道された――すなわち加持力たる智慧を体得されたからに他ならないのであります。

では、加持力とはまことの仏智を意味するのであって、決して荒行をして見せたり、或いは念力によって身体を浮揚させて見せたりするようなものではないことを、わたしたちは肝に銘ずる必要があるのであります。

以上、『仏伝』に於ける「梵天勧請」を例に、仏教とは加持と布教こそが生命であることを縷々述べてきましたが、そのことを教えているのが修法なのであります。

仏像ルックとは何か

ここで、本論の修法の話に入る前に、突然ですが、皆さんに質問を致します。

わたしは最近の若い女性のファッションを「仏像ルック」と名づけているのですが、何故でしょうか？

それは、肉感豊かなお腹のお臍を出しているからであります。なかには貧相なお腹も無いことはないのですが……。では、お臍を出しているのが何故仏像ルックなのか。皆さんもお気づきと思いますが、大抵の仏・菩薩・明王像などの仏さまは、豊かなお腹のお臍を出しておられるのでありますが、何故でしょうか？

本当の修法をしておられる方には、すぐにお判り頂ける筈ですが、修法には縁遠い方や、或いは形だけの形骸化した修法に終始しておられる方には、お判り頂けないのではないでしょうか。

ところで、仏さまのお臍の話は、後に修法の時に詳しく申上げることに致しまして、先頃、某本山で「人相学」の講習会というのがありました。

「人相学」などという学問が本当に存在するのかどうかは知らないのですが、大変に受講者が多くて盛況であったということであります。

だが、その事からも判断出来ますように、現在の真言宗の人々が如何に、何をどのように学ぶべきであるかさえ定めかねて、東に法流伝授があれば、何流を問わず受法し、西に両部大経を始め諸経典の講伝があれば参加して、意味も判らぬままに居眠りをし、北に世間的知名人の講演会があれば、講師の知名度に曳かれて雲集し、そして南に得体の知れない民間伝承的呪術法などの講習会があれば、ただ徒らに何らかの効験ありやと期待して受講するというのが現状のように思われるのですが、如何でしょうか。

わたしは、現在の真言宗に最も大事なことは、形骸化のなかで徒らに権威主義に堕してしまっている法流の真の意義を体得して、作法の一々に秘められている真理を学び、修法に生命を蘇らせることでなければならないと、考えているのであります。

耳が象徴する慈悲心

ここで、また少し脱線を致しますが、先の「人相学」の講習会が好評だったということですので、わたしもまた、些か嚙っております「骨相学」の、ほんの一端をご披露してみたいと思うのであります。

ところで「骨相学」もまた、本当に学問といえるかどうかは知らないのですが、石龍子というその道の大家がありまして、その人の説によりますと、顔はその人の看板で、昔から「看板に偽りなし」と申しますが、顔を見ればその人の性格から体質、性癖・嗜好や持病にいたるまで、あらゆることが判り、果てはその人の運命までが判るそうであります。

ところで顔の観相の基本は「実（耳）から芽（目）が出て花（鼻）が開いて実（耳）に戻る」というのであり、耳は人生の出発点、目は幼少年から青春期、鼻は中年期、そして耳は人生の帰着する晩年を観るのですが、顔面の器官のなかで一対になっているもの、例えば耳とか目は男女両性関係を観るものだそうで、人生の出発点で二つあるものと言えば何でしょうか？　両親ですね。耳は両親の良し悪しを観るところでもあります。

そして「瓜の蔓に茄子はならない」といいますが、両親の良し悪しが、基本的にはその人の性格や体質、その他人間形成の殆どを決してしまうのですから、晩年の帰着するところをも観ることになりますが、このように人生の殆どを決する両親の良し悪しを、わたしたちは選ぶことが出来ないのであります。

従って、耳は宿命を観るのですが、そのことを象徴しているのが、顔面の他の器官は自由に動かす神経が発達しているのに、耳だけはこれを動かすことが出来ないのであります。

そして、耳にはもう一つ大きな観点があるのであります。それは人間性を観る器官であるということであります。

観相では、耳を上部・耳たぶ・内耳核の三カ所に分けて、上部は知、耳たぶは情、内耳核は意を観るのですが、ここで特にお話ししたいのは、情を観る耳たぶのことであります。

この耳たぶは人間だけしか持たないものであります。では、人間だけが持つ耳たぶで観るものは何かといいますと、すなわち人間性であります。

耳たぶは情を観るといいましたが、情で、然も人間だけしか持たない、人間特有のものの最たるものは慈悲の心でありましょう。従って、耳たぶの豊かな人は慈悲の心も豊かということになるのでありましょう。仏像の耳たぶが大きく肩まで垂れ下がっているのは、その慈悲の大きさ、深さを表現しているのであります。

仏になった女性たち

では、人間だけしか持たないものは慈悲だけであるかといえば、そうではなく、動物にはない好色心とか、残虐心とか、慈悲とは相反する心も持っているのでありますが、それは何を意味するかと申しますと、要するに人間性とは矛盾的存在ということであり、それはすなわち矛盾のなかに苦悩する存在であるということでもあるのであります。

『維摩経』に「衆生病む故に菩薩病む」という言葉がありますが、慈悲が大きければ大きいほど、衆生の苦悩に同じて仏は苦悩し給うのであり、仏の耳たぶが表しているのは、苦悩の大きさでもあるのであります。

更にまた、耳は慈悲のみならず、智慧を観るところでもあります。賢さを意味する「聡」という字は「耳が総て」と作られていますが、耳で智慧と慈悲を観るということは、観相に於いても智慧と慈悲とが決して別物ではなく、不即不離の関係にあることを意味しているのでありますが、これは宗教の真髄でもあり、特に修法の作法にはそれが象徴されているのであります。

余談のついでに、もう少し観相について付け加えておきましょう。

一対になっている器官は男女両性関係を観ると申しましたが、目は幼少年期を観るとともに、「色目を使う」とか「流し目」などと言われますように、異性間の愛情や情熱等を観るもので、メイクアップにも目の下の線にはエロチックラインとセクシイラインとかあるそうであり、話はこれからが面白いのでありますが、余談に過ぎませんので観相の話はこれ位に留めておきたいと思います。

ところで、仏像のお臍から長々と観相の話になりましたのは、お臍を出していいのは仏さまだけだということを申上げたかったからであります。

何故なら観相家の説によりますと、お臍を観ますと、その下の部分のこともよく判るそうでありますから、お臍を出せば素裸になるのと同じだというのであります。

では何故に、仏像はお臍を出していいのかと申しますと、仏は非男非女——すなわち男性に非ず女性に非ず、仏性でありますからお臍の下には男女のシンボルがないからであります。

では、現代の若い女性たちもまた、仏さまになってお臍を出しておられるのでありましょう。すなわち「知らぬが仏」という仏になってであります。

香華が象徴するもの

随分前書が長くなりましたが、これから本題の『修法と布教』に入りたいと思いますが、わたしが何故に『修法と布教』をテーマに選んだかと申しますと、従来、修法というものが形式としてのみ受容されてきたばかりか、その本質が失われて、徒らに形式を以て権威主義に堕してきたからであります。

そして、その端的な例が、「真言宗は秘密の教えだから、言語をもって説けるものではない。修法さえしていればいいのだ。説法などは顕教諸宗派のすることである」などという誤った思考であります。これなどは修法の真の意義が全く理解されていなかった証拠ともいうべきことであります。

修法は、決して修法さえしていればいいなどとは教えていないのであります。後に詳説しますが、むしろ修法じたいが「振鈴」の作法によって、布教の大事を教えているのであります。

では、これまで修法が如何に誤解され、或いは俗解され、更にはまた、その深い真義が理解されずにきたか、その端的な一例を申上げます。

例えば、わたしたちが修法のために火舎や柄香炉に香を盛ったり、六器に樒を荘厳したりすることを「香華」と申しますね。

いま、試みに当時の事教二相の権威を結集して編纂されたという『密教大辞典』で調べてみますと、次のように解説されています。

「或いは香花に作る。またコウゲと読む。仏前に献ずる塗香・薫香と草木の花とをいう。各六種供養の一つなり。また転じて修法の前に承仕が六種供養物等を弁備するを香華と名づく」とありますが、これでは事実そのものの皮相的解釈であって、真の密教的解釈とは言えないのであります。

修法に於ける六種供養物を調えることを香華と呼ぶことなど、真言の僧なら誰しも知っていることであり、このような皮相的解説は今更必要はないのであります。では密教的解釈による「香華」とは何を意味するのか。すなわち修法の真髄たる「智慧と慈悲」を象徴している言葉なのであります。

ではまた何故に、「香華」が智慧と慈悲を象徴する言葉であるといえるのか。それは「香」が本来持戒を象徴するものだからであります。

五分法身とは何か

行者は修法に際して先ず両手に塗香を塗ります。そして、香を塗布した後両手を心前に組み、「五分法身を磨瑩す」と観想しますが、五分の五とは戒・定・慧・解脱・解脱知見であります。

意味するところはすなわち、持戒がなければ禅定は得られず、禅定なくば智慧は得られず、智慧がなければ生死解脱はなく、生死解脱の智慧無くばまことの慈悲の心も生じないということであり、端的にいえば、智慧と慈悲は表裏一体を為すものであり、その根元をなすものは持戒であるということであります。

弘法大師の有名な『般若心経秘鍵』冒頭の偈文に「無辺の生死如何が能く断つ、唯禅那正思惟のみあってす」とありますが、生死の迷いを解脱しなければ本当の慈悲の心は生じないのであり、その生死解脱の智慧は禅那正思惟——すなわち、禅定による正しい思惟によってのみ得られるのでありますが、その禅定は持戒がなければ得ることが出来ないのであります。

では、戒律を失ってしまった現代の僧には禅定も無ければ生死解脱の智慧もなく、従って他のいのちを愛おしむ慈悲の心もないということになるのでありますが、このように塗香に象徴されていますのは智慧であり、華に象徴されているのは、その智慧によって生じる慈悲の美しさであり、法要の準備をする「香華」という簡単な二文字にさえ、真言の深い教理が象徴されているのであります。

なお付言しますならば、修法に於ける六種供養の華鬘を、西院流では塗香器の前に投華するのですが、投華は慈悲の花の散華――すなわち慈悲の心を降り灌ぐことを象徴し、塗香器の前に投華するのは、慈悲が本来智慧と一体であることを象徴しているのであります。

懺悔こそ僧の基本

では、持戒を失ってしまった現代僧は如何にすればいいのか。唯両手に幾ばくかの値で買い求めた塗香を塗布するだけでいいのでしょうか。

考えてみますと判りますね。塗香の功徳は無始以来の身業の垢穢を清めて、身業清浄ならしむといわれていますが、幾ばくかの代価を払って買ったほんの一摘みのお香を塗ったぐらいのことで、無始以来の身業が清まるなどと本気で考えているとすれば、その人は余りにも単純、幼稚に過ぎると言わざるを得ないのであります。

塗香が持戒を象徴するのは、身体の清浄性を保持すること持戒に勝るものはありませんが、その功徳を、お香の芳しい香りが身の臭穢を消す効力に譬えたに過ぎないのであります。

では、戒を失ってしまった現代僧に残された唯一の、身の清浄を得る法とは何か。すなわち懺悔のみであります。

『涅槃経』に次のような言葉があります。

「二つの白法有り、よく衆生を救う。一つには慚、二つには愧なり。『慚』は自ら罪を作らず、『愧』は他を教えて作さしめず。『慚』は内に自ら羞恥す、『愧』は発露して人に向う。『慚』は人に羞じ、『愧』は天に羞づ。これを『慚愧』と名づく。慚愧無き者は名づけて人と為さず。名づけて『畜生』と為す」と。

すなわち慚愧のみが人を救うとともに、慚愧のみが人の人たる所以であると、『涅槃経』は教えていますが、僧の僧たる所以もまた懺悔にあるのであります。

では、僧は何を懺悔するのか。すなわち、本来堅持すべき戒律を失ってしまったにも拘わらず、恬として羞じることを知らないわが身をであります。

と申しますと、現代は堅持すべき戒律などはないのである。現代は無戒の時代だという人がありますが、果たしてそうか。

先日私は某本山の子弟得度式に招かれましたが、式に参列して痛切に感じましたのは、お坊さんとは如何に罪深いものであるかということだったのであります。

何故なら、得度式では伝戒阿闍梨が新発意に「沙彌の十戒」を授けますが、授ける側も受ける側も相共に、守らせる気も守る気もないままに、先ず仏さまを騙すことによって僧となるのでありますから…。

弘法大師の『性霊集』～高雄山寺に三綱を択び任ずるの書～に「つらつら出家の本意を顧みて、入道の源由を尋ねよ」というお言葉がありますが、僧たるもの、時に新発意の原点に立ち帰って慚愧する必要があるのではないでしょうか。

懺悔こそが宗教である

修法が塗香に始まるということは、取りも直さず、修法は懺悔に始まるということに他ならないのであります。

ところが、この懺悔というのが、罪業深き身にはなかなかに難しいもので、懺悔の心などは容易には生じないものですから、わたしは修法の前に必ず興教大師の『密厳院発露懺悔文』を読誦して、わが懺悔に代えることにしているのであります。

ところで、ここで是非申上げておきたいことは、懺悔こそが宗教であるということであります。

すなわち、塗香の塗り方——いわゆる塗香の所作は、礼拝の作法であります。そして塗香が持戒を象徴していることは教義であります。そして、作法と教義を知ることを以て宗教であると勘違いしてきたのが、これまでの真言宗だったのであります。

確かに作法と、その作法に象徴されている教義を知ることは事教二相を知ることではありますが、それだけを以て宗教とは言えないのであります。

何故なら、作法は形式に過ぎず、教義は教学に過ぎないからであります。作法と教義を知ることは学問ではあるが、そこに帰依の情がない限り宗教とは言えないのであります。

塗香という作法を通して、持戒という塗香の教理を知ることによって、僧の身として本来堅持すべき戒律を何一つ持ち得ない自らの拙さを懺悔するとき、初めて宗教と言えるのであります。

このことが従来の真言宗では事相家・教学者共に認識されていないのであり、その原因は事相家・教学者共に仏法に対するまことの帰依がないからでありましょう。

そして、これは何も事相家・教学者に限ることではなく、現在の真言宗の根本的な欠陥と言えるのではないかと、考えられるのであります。

修法は智慧と慈悲行

「香華」という言葉には「智慧と慈悲」という意味が象徴されているということから、塗香の話になりましたが、実は修法とは結局は智慧と慈悲を得るための修行に他ならないのであります。

今申しましたように、修法は塗香に始まりますが、その塗香は智慧と慈悲を得るための作法であり、塗香に象徴されている智慧と慈悲の教理を、より具体的な作法にしたものが、次の洒水であります。

すなわち、洒水に於ける観想は「ラン字の智火を以て水中の垢穢を焼尽すれば、バン字の悲水が流出する」というのでありますが、これは智慧によって煩悩の垢穢を焼尽する——すなわち、生死を解脱することによって、慈悲の心が生じるという、先の塗香に於ける教理をより具体的な作法にしたものであります。

要するに修法とは、智慧と慈悲の教理を体得することであり、その教理は塗香という作法に凝縮されているのであり、その塗香を開いたのが洒水であり、洒水を更に展開させたものが修法であると言えるのであります。

では、他の職業を持ち、或いは檀務等のために多忙で、長時間の修法を行うことが不可能な人は、殊更に修法に執着する必要はなく、朝暮の勤行に先立つ普礼・塗香・護身法・洒水・加持供物等の諸作法のみでも、修法と功徳を同じくすることが出来るのであります。

わが心水仏日を宿す

洒水については前著『修法』に詳説していますので、ここでは二つだけ付記しておくことにします。

一つはランバンを誦じながら、同時に真っ赤に燃えるラン字と白色のバン字を観想することが大事であるということ。そして二つ目は自身加持についてであります。

洒水は、ラン字の智火とバン字の悲水によって浄められた乳水を、散杖を以て自身や壇上及び供物等々に注いで加持するのですが、皆さんは自身加持に際してはどのように観想されていますのでしょうか?

これは私だけの独自のことではありますが、わたしは「香水変じて乳水となる。水は本性清浄なり、諸法もまた本性清浄なり」と観想した後に「わが心水仏日を宿す」と観じることをもって、洒水に於ける自身加持としているのであります。

何故なら、修法とは加持の体験でありますが、その加持について弘法大師は「加持とは如来の大悲と衆生の信心とを表す。仏日の影衆生の心水に現ずるを加といい、行者の心水仏日を感ずるを持と名づく」（『即身成仏義』）と説かれているのであり、修法にとって最も大事なことは、行者が先ずおのが心水に仏日を感ずることだからであります。

何を供養するのか

そして、もう一つ修法で大事なことは六種供養であります。

六種供養の一々が布施・持戒・忍辱等の六波羅蜜に相当することを知ることは勿論大事でありますが、これを知るだけでは教学に過ぎず、修法とは言えないのであります。

では、何を以て修法とするのか？　その前に、皆さんに質問したいことがあります。

六種供養の閼伽・塗香・華鬘には時華または樒を供えますが、殆どの場合が樒であります。

小野・広沢諸流では十枚、中院流では十四枚の樒の葉を供養として供えるのですが、それで本当に供養になるとお思いでしょうか？

日常に修法を行う真言宗寺院では大抵境内に樒の木がありますので、樒の葉は無料でありります。わたしのように買ったところで大した金額でもありませんが、その樒の葉十枚を供えて、それを如何に布施・持戒・忍辱等の六波羅蜜になぞらえてみたところで、それで本当に仏さまが喜ばれると思っているとすれば、それはもう笑止千万ということになるのであります。

まして『密教大辞典』の解説のように、樒の葉を供える理由を「印度の青蓮華に似ている」からなどというに至っては、六種供養の意義などは全く理解されていない、いわゆる形而下的解釈としかいいようがないばかりか、修法そのものの意義さえ理解されていないのではないかと疑われるのであります。

これは、わたし独自の解釈ですが、六種供養の閼伽・塗香・華鬘に樒を献ずる理由を、わたしは樒の毒性の強さを以て、煩悩即菩提の教理を象徴しているのであると考えているのであります。

煩悩即菩提とはわたしの煩悩がそのまま菩提であるというのではありません。仏が衆生の煩悩を以て救済活動をされるときに、わたしの煩悩が否定され、浄化されるということに他ならないのであります。そして、その為には先ず行者が自らの煩悩を懺悔するところから、仏の救済活動は始まるのであります。

誓願を供物とする

六種供養は、閼伽・塗香器等を捧げて作法通りに真言を誦すればいいというものではありません。その作法と共に行者は、その作法に象徴されている心を捧げなければならないのであります。

すなわち、閼伽を献ずるときには、人々を生かすいのちのもとともいうべき清らかな心を、そして塗香の時には、その清らかな心を生む懺悔の心を、華鬘に際しては、懺悔によって生じた美しい慈悲の心を、さらには「遍至法界の功徳」といわれる焼香に際しては、焼香の煙と香りが道場内はもとより法界に到らざることがないように、一切衆生に対して分け隔てなく、美しい慈悲の心を注ぐことを仏に誓わなければならないのであります。

そして、このようにして修法のたびに仏に対して六種の誓願を供養として捧げていれば、日常に於いても、おのずから自らの心と生活態度とを正さざるを得なくなる筈ですが、それがなく、ただ形式だけの作法に終始して事足れりとしていれば、修法を終えれば元の木阿弥、如何に修法の作法には練達しようとも、人格形成には何の役にも立たないのであります。

仏は、樒がインドの青蓮華に似ているからお好きなのでも、樒そのものをお好きなのでもありません。おのが煩悩を懺悔する人間の真心がお好きなのであり、仏の好きな懺悔の真心から生ずる様々な誓いの心を供えてこそ、真のお供物といえるのではないでしょうか。

なお一言、付言しておきますと、他流は知らず、西院流では六種供養に於いて、華鬘の投華を塗香器の前に置くのは、「香華」の説明で既に述べましたように、塗香は持戒であると共に智慧でもあり、華鬘は慈悲を象徴するものですから、智慧と慈悲が本来一体であると共に、懺悔こそが智慧と慈悲の元であることを象徴しているのであります。

そして、これは後に詳説しますが、懺悔によって煩悩が即、菩提となるという煩悩即菩提の教理は、修法の基本作法ともいうべき印契《いんげい》にも端的に示されているのであります。

法流とは何か

長い宗門生活のなかでわたしが痛感しましたことは、修法の形骸化に従って、法流もまた形骸化すると共に、法流に於ける権威主義が真言宗内を風靡していることでありま す。

最近わたしは、修法の話を致します時でも、出来る限りわたしの普段着であります作務衣で、演壇に立たせて頂くことにしているのであります。それは事作法伝授に際して余りにも権威主義、形式主義に陥ってしまっている本宗の弊風を破らんが為であります。

勿論、師教を受けるのに威儀を正すのは当然であります。まして大阿は大日如来の三昧に住し、受者は金剛薩埵と観じ、伝授道場はすなわち両部大経の説所、南天鉄塔受戒灌頂道場と観じなければならない法流伝授に於いては、尚更に威儀を正すべきでありますが、現在の真言宗ではこれが権威主義・形式主義に陥っているのであります。

では何故に権威主義・形式主義に陥るのかといえば、内容が失われたからに他ならないのであります。

例えば「法流」について考えてみましょう。『密教大辞典』には次のようにあります。

「法の相続を河水の流れに喩えて法流という。密教にては事相上種々の流派ありてこれを法流と称し、その流を相承するを法流相承といい、法流を伝うる本山を法流本山と称す。真言宗の事相法流は小野・広沢各六流ありてこれを根本十二流といい、更に分かれて三十六流七十余派となれり。台密また十余派に分かれたり」と。

すなわち、ここでは法流が事作法という形式としてのみ捉えられ、法流の最重要事でなければばならない筈の「教法」すなわち教えが欠落しているのであります。

法は本来仏教語であります。梵語の達磨・達摩・曇の訳語で、多くの意味があります。今それらの一々を列挙して解説するゆとりはありませんが、法というとき、先ず念頭に浮かぶのが「仏法」であり「教法」であります。いわゆる「教え」であります。

そして更に「作法」であり、「法則」「法律」でありましょう。作法とは教えを所作に表現するものであり、法則は教えの表現である作法を行う順序を決めるもので、本宗では「次第」と呼ばれるものに相当するのであります。

では法流とは、本来は「教え」を最重要事として、その教えの表現である「事作法」と、その順序をきめた「次第」とを意味するものでなければならないのであり、法流授受とはこの三者を総括したものの授受でなければならない筈であります。

事教二相興隆の爲に

考えてみれば判ることですが、先ず教えがあって、その教えを表現するものとしての作法（事相）が生まれたのであり、決して作法が先にあって、その作法に合うように後から教義をこじつけた訳ではないでしょう。

では、作法の伝授に際しては必ずその作法に秘められている教えをも伝授すべきであると思うのであります。

にも拘わらず、長い間作法のみを法流であると思い込み、作法の伝授のみを法流伝授であると誤解してきたのであります。

「事教二相は車の両輪、鳥の両翼」と言われています。それは事教二相を持っているという意味ではなく、同時に回転し羽ばたくという意味でなければならないのであるにも拘わらず、真言宗の現状は事相は事相として、ただ作法のみが伝授され、教相は教相として事相とは別に難解な教義の講伝が行われているのであり、それでは事教二相が同時に回転も羽ばたきもしていないのであります。

まことの「事教二相は車の両輪、鳥の両翼」とは、教義と同時に作法が伝授される——すなわち、真の法流伝授が行われてこそ、その真価が発揮されるのであります。

では、真の事相家は同時に優れた教学者でなければならず、優秀なる教学者は同時に練達の修法者であると共に、造詣深き事相家でもなければならないのであります。そして、その時初めて真言宗は本当の意味で、事教二相の興隆期を迎えるのではないかと憶うのであります。これは形骸化した真言宗の祈りを蘇生させたいという、わたしの祈りでもあります。

日常に信仰を語る

話が少し逸れましたが、法流伝授に限らず、総てに於いて師教を受けるに際しては、威儀を正すのは当然でありますが、現在はただ決められた衣帯（着衣）を着ければいいということで、その精神は忘れられてしまい、伝授する側も所作事のみの伝授に終始し、教理には一切触れて来なかったのであります。

そして、お坊さん方も寄ると触るとお布施と異性問題と他人の噂話。偶に宗教的な話題になったかと思うと、塗香の後に念珠を先に取るか、洒水器の蓋を先に取るかというような、些末な所作事のみに終始して、その教理に関してはとんと関心がないのであります。

従ってわたしは、その形式を以て権威とする法流・事相の現状を打破して、普段の服装で気楽に、法流の意義や事作法に秘められている教理について語り合える習慣を、真言宗内に根づかせたいと念じており、そしてそれがわたしに与えられた最後の使命ではないかと考えているのであります。

　法流の意義や事作法の教理を語ることは、取りも直さず信仰を語ることに他なりませんが、それが今日まで等閑に付されてきたということは、要するにこれまでの真言宗には信仰がなかったということであります。そして、信仰がないということは宗教ではないと言うことになるのではないでしょうか。

　では、これまでの真言宗は何であったかと申しますと、神仏を拝むための作法と、仏教知識という学問があったということになるのでありましょう。

　もっと気楽に、普段着で日常的に信仰を語り合える真言宗でありたいものと切実に念じているものであります。そして、これ以外に形骸化し、権威主義化した真言宗を再生させるものはないと信じているのであります。

仏身となっての説法

　随分前方便が長くなりましたが、本題の『修法と布教』の話に移ります。

釈尊のご生涯を描いた『仏伝』の「梵天勧請」については、既に幾たびも触れました。すなわち、妻子を捨て王城を捨てて入山、六年間に及ぶ難行苦行の果てに、菩提樹下に於ける瞑想によって降魔成道された釈尊は、自らの悟りの内容が人語を以ては説き難いことを想い、転法輪を断念されますが、梵天の三度に亘る勧請によって、遂に説法の旅に出られたのであり、ここに初めて仏教が現世に誕生したのでありますが、この説話は仏教誕生の由来と共に、修法と布教の原点でもあるのであります。

すなわち、修法とは神仏との加持感応のための行でありますが、釈尊は六年間の難行苦行の後の禅那正思惟によって、欲界を超えた色界初禅天主の梵天と加持感応して説法を開始されたのですから、加持感応の法である修法こそが説法の原点であるということになるのであります。

釈尊のご生涯では、菩提樹下の成道に至る以前の、六年間の難行苦行が如何にも無駄であったかの如く解説されることが多いのですが、それは誤解というべきであります。

もし釈尊に六年間に及ぶ難行苦行がなければ、菩提樹下の瞑想による成道もなく、成道がなければ梵天との加持感応もなく、加持感応なくば説法もなかったのであります。

では、六年間の修行は実に説法のための前方便であったということになるのであり、修法もまた説法のための前方便ということになりますが、ここで最も大事なことは、釈尊が仏身となって説法されたということであります。

釈尊六年間の苦行も樹下の瞑想も、仏身となるための修行であり、仏身となられたが故に梵天との加持感応があったのであれば、説法とは仏身となってこそ行うものであるということが、ここには示されているのであり、仏身となっての説法を真言宗は「自受法楽」と名づけているのであります。

では、加持感応の法である修法とは仏身となるための修行であり、決して行者の俗念力などで陀羅尼を喚き散らして、欲望を成就しようなどというような、低次元のものではないのであります。

では、真言僧たるもの、修法によって仏身となってこそ初めて説法することが出来るのであります。

仏説とは、仏身となって説法するということであって、釈尊のご遺教のみを意味するものではありません。釈尊のご遺教のみを仏説とする形而下的或いは唯物史観的立場に立てば、大乗非仏説などという学説がたてられるのであります。同じことでも、仏身となって説けば仏説となり、学者が説けば学説となり、修法無き僧の説法は俗説になりかねないのであります。

そして、この理念は修法の組立て（次第）にも生かされているのであります。

正念誦＝言葉の大事

さて、ここで漸く先の質問の「仏像は何故お臍を出しておられるか」にお答えするときが来ました。仏像がお臍を出しておられるのは、修法に於ける正念誦のためでありま す。

正念誦は語密加持の作法でありますが、その前の身密加持の入我我入観と、その後に続く意密加持の字輪観とともに、身・口・意の三業を本尊の三密と同一ならしめる観法で、修法中の最秘観の一つであり、入我我入観によって既に本尊と一体となった行者が、語密に於いて本尊と一体となる語密成仏の秘観であり、加持成仏の妙行といわれているのであります。

然し、これは単に説法の印を結んで、本尊の真言を百遍念誦すればいいというものではなく、ここで本尊のお臍が重要な役割を持つことになるのであります。

すなわち、正念誦で大事なことは、本尊の誦じ給う真言の文字が、本尊の口より出でて行者の頂上より体内に入り、心月輪の上で右旋して列なり住し、また行者が誦する真言の文字が本尊の臍輪より入り、本尊の心月輪に至って右旋して列なり住すと観想しなければならないのであります。

『密教大辞典』には「入我我入観・正念誦・字輪観の三観優劣高下無けれども、ことに語密念誦に重きを置き、略観の時は三観を摂してただ正念誦のみを行ぜしめることあり」とあります。

すなわち、入我我入観も正念誦も字輪観も、それぞれに身・口・意の三業を本尊の三密に一致させるための作法であるから、等しく平等ではあるが、なかでも特に語密念誦に重きを置いて、省略するときには入我我入観と字輪観とを正念誦に包括させたことにして、入我我入観と字輪観を省略することが出来るというのであります。

成程、本尊の真言の文字（梵字）はすなわち、本尊の身体の象徴でありますから、この文字が本尊と行者との間を往来するのは取りも直さず、「本尊我に入り我本尊に入る」の入我我入観に相当し、また文字が本尊と行者の間を輪を描くが如く往来するのは、まさしく字輪観に相当しますから、正念誦を以て三観を兼ねる理由は納得出来るのですが、では何故に「殊に語密念誦に重きを置く」のか、『密教大辞典』は触れていないのであります。

梵字は仏身の象徴

では何故に語密――すなわち、言葉によって身（入我我入観）意（字輪観）とを兼ねることが出来るのか？　ここには言葉が如何に大事であるかということが秘められているのであります。

身・口・意の三業（或いは三密）といいます。わたしたちは何気なく身・口・意と言っていますが、これは意味もなく順不同に並べられているのではなく、この僅か三文字の配列の中に深い真理が象徴されているのであります。

すなわち、言葉（口）が真ん中に配されているのは、言葉が身と意（心）を兼ねるものだからであります。

これはわたしがよく引用する旧約聖書の「太初《はじめ》に言葉ありき、言葉は神と倶にあり、言葉は神なりき」の言葉が教えているのは、この世界は言葉によって作られたということであります。

神の理念が言葉となって表現され、その言葉が具象化されてこの世界が造られたというのでありますが、仏教でも「十善戒」に於いて「口四意三」と言われますように、言葉に対する禁戒が最も多く、もって如何に言葉が大事にされなければならないかが示されているのですが、それは言葉が心と体の象徴だからであります。

すなわち、心の乱れは言葉の乱れとなって現れ、身体の不調もまた言葉に表れますが、逆に言葉の乱れが身心を乱すことも多いのであります。

卑近な例ですが、今や老若男女・有識無識・有名無名を問わず日本中が悉く平気で口にする言葉に「奴《やつ》」というのがあります。知的で美貌の女性評論家などが臆面もなく

「あの例の奴」とか「あの長い方の奴」などと、テレビなどに出演して口にするのを聞きますと、途端に、その美貌も知性も色褪せてしまうのでありますが、もって如何に現代日本人の心が荒廃しているかが伺われるのであります。

言葉は精神の表現であります。精神（意・想念）は言葉によって初めて表現もされ伝達もされるのですが、然し言葉は眼にも見えず形もないのであり、これが文字となって初めて眼に見える存在として具象化されるのであります。

従って、文字は精神と言葉の具象化たる身体の象徴というべきものであり、ここに梵字の尊ばれる所以があるのであります。

弘法大師の『般若心経秘鍵』に「真言は不思議なり、観誦すれば無明を除く。一字に千理を含み、即身に法如を証す」とありますが、真言――すなわち、梵語は不完全なる人語では到底解説し得ない深い真理を包含する完成語――すなわち、仏語を意味するのですから、その具象化である梵字は仏身を象徴するものと言えるのであります。

そしてここに塔婆に、この物質世界を意味する五輪の梵字を書く所以があるのであり、梵字を学ぶ必要性もあるのであります。

もし、修法の正念誦に於いて、本尊の真言の梵字を観想する必要がないとするなら、梵字は角塔婆を書くのに必要な梵字を覚えておけば、別に不自由は感じないのでありますが、まことの修法を行おうとすれば梵字が必要になってくるのであり、修法を通して初めて梵字を学ぶことの大切さが痛感されてくるのであります。

そしてまた、故人の年回忌法要等に際して塔婆を立てるのは、故人の身体を象徴するものですから、梵字を書いて初めて身体の象徴となるのであって、梵字が書いてなければ形は五輪であっても、唯の板切れに過ぎないのであります。

邪淫は身心の侵犯

このように、言葉は精神の表現であると同時に、この身体に象徴される現実の物質世界を造り出すものであり、ここに説法の大事な理由もあるのであります。

「五戒」というのがあります。修法にも「五悔」がありますが、それとは違うもので、不殺生・不偸盗・不邪淫・不妄語・不飲酒の五種の戒律ですが、ここに言う飲酒とは、単に酒を嗜むことを禁じたのではなく、酒が精神の乱れによって己れを見失い、人格を喪失せしめることを飲酒に象徴しているのであります。

そして、前半の殺生と偸盗は眼に見える世界に於ける他人への侵犯であり、後半の妄語・飲酒は眼に見えない精神への侵犯を意味しているのであります。

では、邪淫を五戒の真ん中に配置しているのは何故か？　それは邪淫が決して相手の眼に見える肉体の侵犯のみにとどまらず、必ずその精神をも犯すものだからであります。すなわち、先の身・口・意の場合の言葉のように、物心両面の融合的位置にあるのですが、過去の日本では性犯罪に対して、一般の男性のみならず、司法関係者にもこの認識が乏しく、多くの女性が血涙を絞ったのであります。

余談になりましたが、このように言葉は精神と身体の双方に密接に関係するものであるために、仏教では殊の外言葉を大事にするのであり、修法の正念誦にそれが象徴されているのであります。

そして、特にお臍は肉体の象徴であると共に、臍下丹田といって、お臍の周辺は生命力と精神力（気力）の集中するところでもあり、本尊の真言である言葉が文字となって、本尊の臍輪から体内に入るという正念誦の観法は、まことに意味深長なるものがあるようであります。

振鈴に関する戯論

これで仏像とお臍の関係は或る程度ご理解頂けたのではないかと思いますので、これも修法のメインともいうべき「振鈴」に話を進めたいと思います。

わたしは先に、加持の修行である修法じたいにも布教の大事が教えられていると申しましたが、それが一座の修法に於ける二度に亘る振鈴の作法であります。

振鈴には、法流による作法の差違があり、それぞれに深い教理が象徴されているのですが、基本の理念は同じであります。

話の都合で、振鈴に先立って正念誦の話を致しましたが、ご存知のように、振鈴は前供養の閼伽の後と、後供養の閼伽の後の二度に亘って行われますが、『密教大辞典』には次のように解説されています。

「供養法に於いて本尊聖衆を請じたる後に行う振鈴は奏楽供養にして、聖衆を歓喜せしむる義なり（中略）。凡そ印度の俗習、賓客を屈請するにその客来たりて設けある座に着し終らば、必ず音楽を奏し客をして歓喜せしむるを例とす。修法も浅略には大賓接待の儀式なるが故に花座を献じて本尊聖衆着座し給えば、次に鈴を振り楽を奏して供養し、歓喜せしむるなり（後略）」

というのであります。

勿論「浅略には」とは断ってありますが、如何に浅略とはいえ、三密加持の修行――すなわち即身成仏するための修法に、世俗の風習を取り入れて、来客たる本尊聖衆に音楽を供養するなどという解説は、小児の稚戯にも似た机上の空論であり、俗論・戯論に過ぎないと想われるのであります。

ましてや、最初の振鈴は迎えた本尊聖衆に対して饗応前の歓迎の奏楽であり、後鈴は客である本尊聖衆を送り出すための奏楽などというに至っては、まさに稚児のままごと遊びに類するが如き解説というべきでありますし、後に詳説しますが、「振鈴は定に入っている仏菩薩を驚覚するもの」という、同じ『密教大辞典』の解説と矛盾するのであります。

俗思考による誤解釈

仏教は出世間法であります。世間を超えてあるべき仏教が、世間の慣習を模倣すると考えることじたいが、俗思考というべきであります。

「祇園精舎の鐘の声、諸行無常の響きあり」（『平家物語』）といいますが、金剛鈴は勿論、梵鐘・鐾磬等の梵音具はすべて単なる楽器ではなくして、人語を超えた仏の声を象徴しているのであります。

梵鐘はその音を梵音といわれますように仏の声であり、その声は三悪道に響流し、その声が響いている間は冥衆の苦を和らげるといわれ、そのために梵鐘は余韻の長きを尊ぶといわれているのであります。

また、わたしたちが追善法要に際して、回向文の文中に「鐾磬を鳴らして回向し奉ること件《くだん》の如し」などと諷誦して、霊の回向のために鐾磬を鳴らすのは、鐾磬が仏の声であり、人語を超えた仏の説法だからであります。

従って、わたしたち僧が読経の合間に金を打ち鳴らすのも、決して眠気覚ましのためでもなく、また単なる合いの手でもないのであります。

では何故に、読経の合間に鏧磬を鳴らすのか？　それは、不完全語である人語に訳された経文読誦を、仏音（梵音）を以て完全ならしめるためであります。

冒頭、『仏伝』に於ける「梵天勧請」で既に述べましたように、仏の悟りの内容は、不完全なる人語を以ては説くに説き難いものであるにも拘わらず、仏は説法されたのであり、従って人語による説法であり、然もなお漢語に翻訳された経文が真実を語り尽くせるものではなく、人語を超えた仏の説法の象徴として、読経の合間に鏧磬を打ち鳴らして完全を期すのであります。

では、経文は意味が判らなければ功徳がないというようなことはなく、例え意味は判らなくとも（真の意味は判る筈もないが）、読経じたいに仏の声・説法を聞くという功徳があることを知らなければならないのであります。

修法に於ける振鈴を、賓客の送迎に於ける奏楽という俗世の慣習を取り入れたなどという解釈は、仏教の作法が世間に取り入れられることなどはないという、俗思考に基づく誤解ではないかと想われるのであります。

或る時、水を大事にするネパールで、多くの食器を洗うのに、一椀に注いだ水を次々に他の椀に移してゆく姿がテレビ放映されていましたが、これはまさにわたしたちが行っている六器洗浄と同じ方法であったが、これもまた、世間の食器洗いを密教の方が真似たのでありましょうか。

これは後に触れますが、密教修法は洒水や献閼伽にみられるように水を大変大事にしますが、高地で水が乏しいネパールであり、水を尊ぶ修法の作法を世間が学んで習慣となったのではないかと考える方が妥当のようであります。

四方四仏が教えるもの

振鈴には驚覚・歓喜・説法の三種の教義が象徴されているといわれています。

では、その第一の驚覚とは何か？　『密教大辞典』の解説のなかに「天部の供養法には振鈴を用いず。その理由は、一は諸仏は常に定に住せるが故に驚覚の爲に用いれども、諸天は然らざるが故に用いず」とありますが、この解説に不審を抱かれる方はないでしょうか。

驚覚は警覚とも書かれますが、覚醒を促すという意味であり、これにまた三種の別があり、一つは行者が修法に際して、定に入っている本尊聖衆を驚覚して壇上降臨を請うこと。二つには行者が本有の自身仏を呼び醒ますこと。三つには秘密仏が真言行者を驚覚することですが、先の『密教大辞典』の「諸仏は常に定に住せるが故に驚覚のために用いる」すなわち、禅定に入っている諸仏を振鈴によって呼び醒ますというのは、些か疑問であります。

何故なら、修法に於いては振鈴に至るまでに道場観や宝車輅や請車輅・迎請、四摂等によって、既に本尊聖衆は降臨壇上されているのですから、今更驚覚して降臨壇上を請うというのは理に合わないのであります。

更にまた、真言宗の教理の根本ともいうべき「四方四仏」の思想からもおかしいのであります。

定とは禅定――すなわち、心を一境に留めて深く思惟することであり、また三摩地契とも名づけられますが、三摩地は等持と訳され、心を平等に持して一境に専念することを意味しますが、定に入っている諸仏を振鈴で呼び醒ますなどという解釈は、観念的な戯論に思われてなりません。

「菩薩の応病」という言葉があります。「衆生病む故に菩薩病む」というのでありますが、病み苦しみ悩む衆生を横目に自分一人が定に入っているような仏がある筈がないのであります。

仏は、迷いの衆生界にこそ居ますのであります。衆生が真理を体得して生死を解脱し、迷いも苦しみもなければ、仏の存在理由はないのであり、存在する必要もありません。それを教えているのが、「四方四仏」の教義であります。

四方四仏とは、衆生の迷いと共に仏は在すということに他ならないのであります。何故なら仏教は、本来東西無し、何処にありや南北、迷うが故に三界の城、悟れば十方空といって、方角とは人間の迷いが現出した幻城であると説いていますが、迷いの世界なればこそ、そこに悩み苦しむ衆生を救うべく仏が現れ給うのであり、それを四方四仏は教えているのであります。

本有の仏性を自覚する

仏は決して迷いの衆生を放置して、一人定に入っているようなことはなく、親鸞聖人の『正信念仏偈』にも「大悲無倦常照我」、すなわち如来の慈悲は飽くことなく常に我を照らし給うというお言葉がありますが、如来は定に入るどころか、衆生と共に悩み、同悲し給うのであり、その慈悲の大きさを象徴しているのが、先の骨相に於ける耳たぶの大きさなのであります。

では、驚覚とは自己の内なる本有の仏性を呼び醒ますことでなければならないのであります。そして、仏性を呼び醒ますとは、自らが仏性を持つ存在であることを自覚することに他ならないのであります。

些か余談になりますが、先頃わたしは、自分が見事な細工を施した純金の香合を持っていることに初めて気づいたのであります。

これはどなたとは申し上げられないのですが、或る名刹のご住職の晋山記念に戴いた記念品であります。その方は既に故人となって久しいのであり、その長い間わたしはその記念品を気にも止めずに、箱を開いてみることも忘れていたのであります。

何十年かぶりにその記念品の小さな箱が出てきましたので、何気なく開けてみて驚いたのであります。何と、出てきたのは目も眩しいほどに光り輝く燦然たる純金の香合だったのであります。

その時咄嗟に、わたしの脳裏に浮かんだのは、人は如何なる宝物を持っていても、持っていることに気づかなければ、それは持たないのと同じであり、如何に光り輝く仏性を持っていても、持っていることに気づかなければ無意味であるという、極めて当たり前のことだったのであります。

余談になりましたが、小さな純金の香合が、仏性を自覚することの大事を痛感させてくれたのであり、わたしは改めて今は亡きその方に合掌したのであります。

振鈴に於ける驚覚とは、まさしく行者内奥本有の仏性を覚醒することであり、自らの仏性を自覚した喜びが歓喜であり、その喜びを衆生にも与えんとの願いが説法となるのであり、ここに振鈴が驚覚・歓喜・説法の三徳を有するとされる所以があるのでありま す。

では、ここに示されているのは、説法は他人に言い聞かせる前に、先ず自らが仏性を開顕して、自らが仏性開顕の喜びを以てその喜びを語れということに他ならないのであります。すなわち、自らの信仰に裏打ちされない教義の羅列や因果物語等の俗説は無意味であるということであります。

振鈴の作法が教えるもの

振鈴の作法には、実に様々な深い真言の教理が象徴されているのですが、先に触れました「四方四仏」の思想、すなわち諸仏は決して衆生の苦悩をよそに定などに入っているのではなく、迷いの衆生の世界にあって説法し給うという教義が、その作法にも象徴されているのであります。

振鈴の作法が法流によって些かの差違があることは既に触れましたが、諸流に共通の基本的な理念は、仏による衆生救済の説法ということであります。

作法の詳細については既に前著『修法』に詳説していますので、本書では説法に関する肝要なことのみに触れておきます。

すなわち、右手に持つ五鈷杵は衆生の五欲煩悩を表し、左手に持つ五鈷鈴は如来の五智を象徴し、これを同じ金剛盤上から倶に執るのは、如来の五智と衆生の五欲煩悩とが本質に於いては同一であることを意味すると同時に、如来の衆生救済の働きが衆生の五欲煩悩となって現れるという煩悩即菩提・凡聖不二・仏凡一如の真言教学の真髄を象徴しているのであります。

そして、金剛盤は浄菩提心を象徴するものですから、五欲煩悩の象徴である五鈷杵と、如来の五智の象徴である五鈷鈴とを倶に執るということは、人間が浄菩提心――すなわち、仏性を自覚して宗教心・求道心を起こしたときに、煩悩がそのまま五智となるということを教えているのであり、これは既に触れましたように、六器に毒性の強い樒を供える六種供養の作法にも象徴されているのであります。

振鈴に先立ち右手の五鈷杵を三度抽擲するのは、三毒煩悩の摧破を意味し、順逆三回の回転は勿論邪魔・魔性の辟除結界。

そして、右手の五鈷杵を縦ならず横ならず斜めに持つのは、横は十方世界――すなわち空間を表し、縦は三世――すなわち時間を意味し、如来の説法が常恒に三世十方に亘っていることを示しているのでありますが、それは同時に、衆生の煩悩が三世十方に亘って常恒に尽きることがないことをも意味しているのであります。

右手の衆生の五欲煩悩に対して、左手の如来の五智を以て説法することを表すこの姿は、衆生救済の金剛薩埵のお姿でもあるのですが、このお姿に実は「四方四仏」の真理が象徴されているのであります。

すなわち、修法では右手は仏（悟り）、左手は衆生（迷い）を象徴するのですが、仏の世界を意味する右手に衆生の五欲煩悩の象徴である五鈷杵を持つのは、衆生の五欲煩悩が本来仏のものであることを意味し、迷いの衆生の世界である左手に如来の五智を象徴する五鈷鈴を持って、これを振るのは、如来が迷いの衆生の世界にこそあって説法し給うことを意味しているのであります。

金剛薩埵は、大日如来の衆生救済の働きを象徴するものであり、大日如来の金剛薩埵への説法は、大日如来の自受法楽であるといわれていますが、今述べましたように、煩悩と五智——すなわち衆生と如来とを象徴する五鈷杵と五鈷鈴とが同一金剛盤上にあり、衆生の五鈷杵に如来の五鈷鈴を以て説法することはそのまま、如来の説法は総て自受法楽に他ならないということであります。

そして、左の耳で五度振るのは、先に申しましたように左は衆生界を表し、五度は五道（地獄・餓鬼・畜生・人・天）流転の衆生を驚覚すると共に、五蔵の般若を説くことを意味し、次に心前で三度振るのは、心は行者心内に建立の道場を意味し、三は三解脱門を意味しているのであります。

五蔵の般若とは、要するに般若の教法を五種に分類したもので、前四種を顕教、後の一種を密教として、総ての般若の教えは最後の一種である陀羅尼蔵に極まるということ。三解脱門は文殊菩薩内証の法門で、空・無相・無願をいい、解脱とは涅槃を意味し、この三種の教えはよく涅槃解脱への門となるというので三解脱門と名づけるのですが、その一々については極めて難解、且つ解説には多くの紙数を要しますので、一言でいえば、一切諸法は総て空であり、執着すべき何ものもないということであります。

そして次に、額で二度振るのは、額は体の最上位であるため、金胎両部理智法身究竟円満の義を表すとともに、二度は理智の二身が自受法楽の説法をすることを意味しているのであります。

以上、五・三・二の三ヶ所の振鈴は順次に応身・報身・法身の三身説法を意味し、最後に五鈷杵と五鈷鈴を金剛盤上に返すのは、衆生教化の説法を終えて法界宮に還ることを意味しますが、金剛盤が心臓の形をしているのは、わが心奥こそが如来の本宮であることを象徴しているのであります。

閼伽は仏身の象徴

以上、極めて簡単に振鈴について触れましたが、ここで最も大事なことは、振鈴が象徴しているのは、行者自らが法・報・応の三仏身を一身に体現して説法しなければならないことを、振鈴の作法が教えているということであります。

勿論、修法では振鈴に先立つ四摂（四明）で、既に招請している本尊と道場観所観の本尊、更に壇上安置の鋳造絵木の本尊とを行者身内で一体ならしめているのであり、この場合招請の本尊は法身、道場観所観の本尊は報身、そして壇上安置の鋳造絵木の本尊は応身といえるのであります。

では修法は、説法が如何に大事であるかを身を以て感得するものでなければならないのであって、決して真言宗は修法さえしていればいいということにはならないのでありまず。いや、むしろ修法する人ほど布教の必要性を痛感する筈であります。

説法は仏身となって行うものだから仏説であって、釈尊のご遺教のみを仏説であるとする形而下的・唯物史観的解説では、大乗非仏説の学説となって、大乗経典悉くが単なる誰かの作品——すなわち古文書ということになってしまうのであります。

振鈴が、仏身となって説法することの大事を示している作法の一つとして、更に二度に亘る振鈴がいずれも献閼伽に続いて行われることを挙げることが出来るのであります。

すなわち、前供養では先ず献閼伽に続いて華座、そして振鈴となり、その後に塗香・華鬘・焼香・飲食・燈明の五種供養が続き、後供養では先ず塗香に始まり、最後に献閼伽に続き振鈴となるのですが、このように前供・後供ともに閼伽に続いて振鈴となっているのは何を意味しているのでしょうか？

六種供養は布施・持戒・忍辱・精進・禅定・智慧の六波羅蜜を象徴するといわれていますが、では、六波羅蜜に当て嵌めるとき閼伽は布施に相当することになり、布施はすなわち慈悲の象徴ということになるのであります。そして慈悲は、「仏心とは大慈悲是れなり」（『大智度論』）といわれますように、仏心であり仏身の象徴でもあります。

更にまた、水はいのちの元であるとともに、自性清浄を意味するものでもあり、まさに仏身を象徴するものであります。

では前供では先ず仏身として説法した後に、塗香（持戒）華鬘（忍辱）焼香（精進）等の、仏身となるための菩薩行が示されているのであり、後供では持戒に始まる菩薩行によって仏身となることが暗示されているのであります。すなわち前供には下化衆生が、後供には上求菩提が示されているのであります。

いずれにしろ、この前後二度に亘る振鈴は、行者が菩薩行によって仏身となって説法することを意味しているのですが、ここで注目すべきは、前供では閼伽が最初で、後供では閼伽が最後になっていることですが、これを六波羅蜜に当て嵌めますと、最初は布施で、最後は智慧でありますが、布施すなわち慈悲と智慧とは一体の存在であって、ともに仏を意味するものであるということが、修法の六種供養と振鈴には教えられているのであります。

そして更に面白いことは、前供の振鈴には閼伽に次いで華座があり、「印より無量金剛蓮華を流出して一切の聖衆金剛蓮華座を得給う」と観想するのですが、これは何を意味しているのか？　すなわち、自らが仏身となったとき、一切が聖衆（仏・菩薩）となるという、普礼と同じ真理が象徴されていると同時に、説法とはすべてが自受法楽であるということも示されているのであります。すなわち前供には下化衆生が、後供には上求菩提が示されているのであります。

それは説法が、仏が凡夫という衆生に道を説き聞かせるというような、上から下に説教するものではなく、仏が仏を対告衆（聴衆）として法を説かれる――すなわち、自受法楽であるということであります。

わたしは修法に際して、献閼伽・華座そして振鈴と作法をするとき、決って経典の仏説法の座に囲繞する大比丘衆と雲集する大菩薩衆の光景を観想するのであります。

修法の振鈴が教えているのは、説法は仏身となって行うものであり、自らが仏身となったとき、聴衆もまた仏身となるということであります。『理趣経』の聴衆総てが菩薩であるということが、それを証明しているのであります。

説法は決して聴衆を見下して行われてはならないのであり、それを教えているのが印《いん》契《げい》であります。

掌は人間業（煩悩）の象徴

わたしは、修法の真の意義は、修法の理念（精神）を現実生活に実践するところにこそあると信じているものであります。

では、修法の正念誦や振鈴が教えているのは、縷々述べてきましたように、たとえ人語を以ては真実を説くことは不可能ではあるが、少しでも真実に近く説くべく努力を続けなければならないという「布教」の大事なのであります。

そして、修法や密教法具に秘められている教理を説けば、他の顕教各宗派には真似の出来ない、深遠幽玄にして縦横無尽なる布教が、真言宗には出来る筈なのであります。

一例を挙げます。例えば祈りの基本である合掌と、修法の基本ともいうべき印契を例に取りますと、何故手に印契を結ぶのでしょうか？

足では結べないからといえば、笑い話にもなりませんが、手に印契を結ぶ所以は、手が人間業――すなわち、煩悩を象徴するものだからであります。

では、どのような人間業を表しているのか？　すなわち、所有欲という煩悩であり、これは人間が生まれながらにして持っている人間業であります。そして、それを表しているのが、人間の赤ちゃんだけが掌を握り締めて生まれてくることであります。

人間の赤ちゃんは両の手を握り締めて生まれてきて、然も耳も聞こえず眼も見えないうちから、手に触れるものや近くにあるものは何でもすぐに握ろうとするものでありますが、これは人間が生まれながらにして持つところの所有欲を象徴しているのであり、人間の宿業――すなわち、煩悩の象徴である手に、仏の衆生救済の活動を象徴する印契を結ぶということは、すなわち、仏は人間の煩悩を以て救済活動となし給う「煩悩即菩提」の教理を示しているのであります。

合掌は煩悩否定の象徴

ところで「煩悩即菩提」といいますと、ここで大変重要なことに留意しなければならないのであります。

煩悩即菩提なら、煩悩はそのまま認めてもいいではないかということになり、特に真言宗では『理趣経』の「大楽思想」への誤解から「理趣経は愛欲肯定の経典」「真言密教は煩悩肯定の宗教」であるなどと、安易に自己の煩悩欲望を肯定する風潮が瀰漫しており、従って自己の欲望を制御しようとする仏道修行などはとっくに失われてしまって、教学はただ知識の習得、行法はただ法要の導師や職衆の作法の習得に過ぎなくなってしまっている現状であります。

然し、ここで忘れてならないのは、合掌が印契の基本であるということであります。すなわち、金剛界の基本合掌は金剛合掌であり、胎蔵の基本合掌は蓮華合掌でありますが、ともに両掌を合わせる合掌であることに変りはありません。そして、合掌が意味しているのは煩悩欲望の否定なのであります。

何故なら、今わたしは人間の手は所有欲という人間業――すなわち煩悩を象徴し、それが「握る」という本能的な動作になっているといいましたが、「握る」ことが人間の煩悩であるならば、握れない合掌は煩悩の否定を象徴していることになるのであります。すなわち、合掌するということは、握れないということであり、握ることを放棄するということに他ならないのであり、煩悩の否定を意味しているのであります。

煩悩即菩提の教理を最も判り易く端的に申しますと、自己の煩悩を否定することによってのみ、他人の煩悩が肯定されてくるのであり、これを煩悩の大肯定と名づけ、われ以外の大衆の「我執」を「大我」と名づけ、われ以外の衆生の「欲望」を「大欲」と名づけるのであります。

従って、先ずおのが煩悩の否定無くしては大欲・大我もなく、「小我を捨てて大我に生き・小欲を捨てて大欲に生きる」などとはいうものの、何を以て大欲・大我とするかさえ判らず、ただ机上の観念論のみが罷り通っているのが、真言宗教学界の現状ではないでしょうか。

先ずおのが煩悩の否定無くしては大欲・大我も無く、真の宗教活動はあり得ないのであり、その煩悩即菩提の真理を体現するのが、合掌を基本とする諸々の印契なのであります。

人間の欲望（煩悩）は「握る」という掌の働きに象徴されているのですが、生前に握ることばかり考えて、手放すこと——すなわち、合掌することがないと、死後両手を胸の辺りでだらりと下げた姿で現れることになるのであります。

皆さんよくご存知のように、幽霊の姿が必ずと言っていいように、胸の辺りで両手を垂れているのは何故でしょうか？　あれは合掌したいけれども合掌出来ないでいる姿なのであります。だから本人に替わって、生きているわたしたちが少しでも多く合掌して菩提を弔ってやらなければならないのであります。

禅僧一夜の宿を乞う話

では、その印契でどのような布教が出来るのでしょうか？

昔、旅の禅僧が或る真言宗の山寺を訪ねて問答を仕掛けました。曰く「真言宗では手に様々な印契を結ぶが、あんなものに何の功徳があるのか?」と。住職黙して答えず。そのうちに日も西山に傾き、暮色漂い始めたために彼の禅僧、一夜の宿を乞うも、住職にべもなくこれを拒絶。

やむなく山を下り出した禅僧、途中それでも未練気に振り返ると、遠くで住職がしきりにお出でお出でをしているではないか。さては思い直して泊めてくれる気になったのかと喜色満面戻ってきた禅僧に、住職曰く「何しに来た?」「泊めてくれると言った」「いや、拙僧は何も言わない」「だが、手招きしたではないか」「何も言わずとも、手招きだけで泊めてくれると判ったではないか。印契の功徳も同じだ」と。

昔のお説教は大体この程度のことだったのですが、現代ではこの程度の話でお茶を濁すのではなく、印契の真理を説くべきなのであります。

指は相対の大事を教える

手は人間の所有欲を象徴すると言いましたが、実は人間の掌の働きは複雑極まりなく、無限の働きをしているように思い込みがちですが、基本的な働きは極めて単純、握るか放すかだけの至極簡単な機能に過ぎないのですが、その簡単な基本動作を以て千変万化の働きをしているのであります。

そして、人間の手が他の動物たちには真似の出来ないほどに器用な原因は、親指とその他の指とが向い合うからでありますが、向い合うということは相対性を意味するのであります。

相対性とは、互に相対立しつつ然も相手によらなければ存在出来ないということであり、これを文字に表現したのが「人」という漢字であります。成程、対立しつつ互に支え合っているのであり、対立する相手がいなければ自らも倒れてしまうのであり、これが人間というものであります。そしてそのことをよく表現しているのが掌なのでありま す。

ところで皆さんは、人間の指のなかではどの指が一番重要だとお考えでしょうか？

先の太平洋戦争も末期になりますと、男は病人に至るまでが召集されて地獄の戦場に送られたものですが、両手両足のうちのどれか一本でも親指を無くした人は、徴兵されなかったそうであります。それは親指を失うと体のバランスが取り難く、銃を撃つことが出来ないからだそうであります。

親指以外の指は一・二本失っても、親指がありますと物を握ることが出来ます。然し、親指を無くしますと、他の指が総て揃っていても、物を握ることが大変困難になるのでありますが、それはみんな横一列に同じ方向に並んでしまって、相対性を失うからであります。互に向き合う親指と他の四本の指が、相対の大事を教えているのであります。

人は自分と意見が合わないと、とかく排斥しがちでありますが、全体主義の脆さは既にソ連邦の崩壊が見せしめているのであります。

孝行を強要してはならない

親指は親、他の小指は子どもであります。親子が一緒に何かを為そうとすれば、向い合わなければなりませんね。これが同列でしたら、精々類人猿程度の器用さしか発揮出来ません。

親は子どもを育てるために苦労して、自らはいびつに生き、然も世間を真っ直ぐにも生きられず斜めに生き、更に勉強も出来なかったから、智恵の節も一つ少なく、恰好も一番不細工ですね。

その親の苦労のお陰で子供たちの方はすくすくと育ち、親より身長も伸び、教育も受けさせて貰って、智恵の節も親より一つ多いし、親より出世して地位も高いですね。だから、子供の方が親より出世するのは至極当然のことであって、自慢にも何もならないのであります。

そして、親と子が一緒に何かを為そうとすれば、親子が腹を合わせなければ出来ませんが、腹を合わせるためには、如何に子供が智恵があり、地位が高かろうとも、子供の方から「お父さんお母さんよろしくお願いします」と、頭を下げなければ腹は合わないのであります。

そして、就寝するときにはお父さんお母さんどうぞ先にお休み下さいと、親を先に休ませ、起きるときには子供たちが先に起きれば、平和な家庭が保たれるのですが、これが反対になれば拳骨になるのであり、拳骨は闘争と破壊の象徴であります。いや、拳骨ならまだしも、最近ではこれが「斧」になりましたから、恐るべき世相ではあります。

――と、以前は、お寺に集まるのは大抵が老人であり、然も何処も大なり小なり嫁姑の問題を抱えていたものですから、この話を致しますと、よし帰ったら息子夫婦にこの話を受け売りしてやろうなどと、喜ばれたものですが、わたしは「決してこの話はお嫁さんにはしなさんなよ」と忠告しておくのであります。

何故なら、今時の若いお嫁さんなどは、この程度の話に感心するどころか、却って反発する位がオチだからであります。それよりは、お嫁さんが孝行せずにおられないようなお舅・お姑さんになるように心がけることが肝要であります。

如何に親指が偉いと言いましても、親指が親指としての機能を発揮出来るのは、小指たちがいてくれるからであり、親指だけになってしまえば、何の働きも出来なくなるからであります。そこに親も気づかなければならないのであります。

他人を変えようとするのは世間のこと。然も容易に変えられるものではないのであり、これを革命と言うのであります。自らを変えることこそが宗教なのであり、これを回向というのであります。

回向とは自らの向きを変えることであります。自分の心一つ変え得ずして、他人を変えようなどと考えることじたいが不遜なのであります。

外見で差別してはならない

このように、親指は大変重要な役割と働きを持っているにも拘わらず、その親指が最も不恰好でありますね。では、この親指が教えていることは何でしょうか？すなわち、外見、身なり恰好などの見た目で人を差別したり、軽んじたり蔑んだりしてはならないということであります。

「能ある鷹は爪を隠す」という諺がありますが、総ての分野に於いて本当に実力のある人は、決して己れを目立たせようなどとはしないものでありますし、むしろ実力のない人ほど外見に拘るものであります。

序でにお聞きしますが、小指は何の役に立っているのでしょうか？　実は手を握り締める時、すなわち拳骨を握る時に最も力を入れるのが、この小指なのであります。

戦時中、いわゆる軍国少年であったわたしたちは、子供の時から人殺しの訓練ばかりさせられてきたのですが、刀で人を斬る時には、この小指が最も大事な役割をすることになるのであります。

小指に力が入らないと拳骨も作れず、刀も扱えないということになりますと、小指もまた、人は見かけによらない、彼奴は小さいから弱虫だとか、多分非力だろうなどと見くびって虐めたりしていますと、とんでもないことになるのであります。

青年時代護身術に熱中していましたわたしは、師匠から次のような話を聞いたことがあります。師匠の知人に深い古傷のある老人があって、傷の由来を次のように語ったということであります。

その老人は若い頃作業員をしていましたが、或る日道路工事中に偶々そこを通りかかった若い男女の二人連れがありました。若気の至り、男性の方は一見如何にも優男、嫉み半分、侮り半分、執拗に絡み続けたところ、初めのうちは無視していた男性が、遂に堪忍袋の緒が切れたのか、いきなり相手の胸ぐらを掴むなり、目にもとまらぬ早技で作業員を投げ飛ばしたというのであります。

作業員は運悪く自分が掘っていた穴に叩き付けられ、その時に穴の角で額を切ったというのであります。自らは力自慢の作業員、相手は非力そうな優男、見くびったのが運の尽きだったのであります。

「人間、誰がどのような技を持っているか知れないのである。自らの技を磨けば磨くほど謙虚にならなければならない」とは、師匠の絶えざる訓戒だったのであります。

無益な指は存在しない

些か余談になりましたが、指の話に戻りますと、親指や小指とは反対に、指のなかで最もスマートで姿形の良いのが中指であります。身長も一番高い。女性が一番憧れるタイプであります。

ところがこの中指、姿形はよいが何の役にも立たない。人差し指に代って人を指差すことさえ満足には出来ないのであります。では、この中指が教えているのは、「色男金と力は無かりけり」という古諺がありますが、異性でも見栄えの良いのに惑わされますと、カスを掴むことになってしまうのであります。

ではこの中指、何の役にも立たないから無くてもいいのかといいますと、この指が無いと掌を握り締めることにも、ものを掴むことにも、水を掬うことにも大変不自由をするのであり、この指の先端を少し傷つけても、指全体が大変不自由を感じるのであります。

では、この指が教えているのは、一見何の役にも立たないように見える人でも、実はそこに存在するだけで大いに役立っていたり、或いは隠れた存在、縁の下の力持ちとして見えないところで本領を発揮していることもあるのであり、外見で、彼奴は役立たずだ、無能力者だといって軽蔑したり、排斥したりしてはならないということであり、これは現在深刻化している「虐め」の問題解決のためにも、幼いうちから常に親や教師が子供たちに教え続けなければならない真理なのであります。

真言宗の命である印契は、仏の衆生救済の活動を象徴するものでありますが、その印契を結ぶ時、不要な指は一本もないことを肝に銘じて、自ら万人を等しく尊ぶとともに、人にも説き示さなければならないのであります。

五色光印と五種の修法

先にわたしは、握るという手の働きは人間の煩悩を象徴するものであるといいましたが、この握るという機能がなければ印契は結べないのであり、ここに煩悩即菩提の真理が象徴されているのであります。

そして、印契を結ぶ基本は合掌である——すなわち、先ず自らの煩悩を否定すべきであるにも拘わらず、否定しきれない自らの未熟な魂を懺悔すること、そこに初めて他人の煩悩が仏の作用として拝まれて来るという、煩悩即菩提の真髄が感得されて来るのであります。

さて、大変堅い話になりましたので、少し柔らかい話で終りたいと想うのでありますが、皆さんは、この指を何故「薬指」と名づけるのかご存知でしょうか？

親指は大きくて親の役割をしているから親指、そして人を指すから人差し指、真ん中にあるから中指、小さいから小指というように、他の指はみんな単純な理由で判り易く命名されていますのに、何故薬指なのでしょうか？

薬と言うから医療に関係があって、お医者さんなら知っているかと想い、先日かかり付けのお医者さんに尋ねてみたのですが、矢張りご存知ではありませんでしたが、実は、わたしは「薬指」と名づける理由を知っているのであります。

その理由をお話し致します前に、先ず右手の五本の指を立ててみます。これだけで立派な印契ですね。すなわち、光明真言を誦する時に結ぶ「五色光印」、或いは「五色放光印」ともいいますが、五本の指の一つ一つに五色と修法の種別とが象徴されているのであります。

五色といいますと、真言宗では大抵のお坊さんが五瓶華の色を思い浮かべられるようですが（前著『密教法具に学ぶ』参照）、五色光印の五指に於ける配色はこれとは異なるのであります。

すなわち、指で五大を表す時は、小指から順に地・水・火・風・空ですが、配色は小指から順に黄・白・赤・黒・青となるのでありますが、これを修法の種別に配しますと、小指から順に増益・息災・敬愛・調伏・鉤召の五種法となるのであり、これに延命法というのがありますが、これは息災法の延長ですから、修法の基本の種別は先ずこの五種と言っていいのであります。

修法の種別と配色については前著『修法』の「修法の種別」で詳述していますので、ここでは簡単に触れますが、では何故に、小指が黄色で増益法であるか、すなわち大地は万物を生み育て、いのちを生育するものでありますから、それを増益に象徴しているのであり、この世は如来大悲の絵筆によって描かれた絵画であるといわれていますが、黄色を混ぜることによってすべての色が明るさと輝きを増すところから、これが増益の色とされているのであります。

そして次に薬指ですが、これが白で息災を象徴するのは何故か。すなわち水はいのちのもとであるとともに、自性清浄を意味する無色透明であるのを白に譬えているのであります。

新年劈頭を飾る真言宗の最高秘奥の厳儀「後七日御修法」でも、増益護摩は黄衣、息災護摩の修法者は白衣でありますが、ここで、薬指が息災法を象徴することを覚えておいて頂きたいのであります。

次に中指は赤色で敬愛法の象徴でありますが、敬愛とはすなわち異性間の愛情・好悪・情熱等を意味するものでありますから、赤色に象徴されているのであります。

次に、人差し指は黒で調伏法ですが、『観音経』にも「黒風船舫を吹いて羅刹鬼国に飄堕せんに」とありますが、暴風・強風が物を破壊する威力を調伏法の威力に譬え、それを黒色として表現しているのであります。

そして最後に、空に当たる親指が何故に青色で鉤召法であるかということですが、鉤召法はとかく、自分にそっぽを向いている意中の人を、自分の方に引寄せる修法のように俗解されがちでありますが、本来は地獄・餓鬼・畜生の三悪道に苦しむ衆生を、法の力を以て楽の世界へ引上げることなのですが、六道中の楽の世界といえば「天」であり、天はすなわち青色であります。

「薬指」の謎の解明

以上、五色光印という最も簡単な印契を例に五種の修法とその象徴である配色についてお話ししましたが、では何故に薬指というのかという本題に戻ります。

皆さんも極道が不始末をしでかすと指を詰めることをご存知ですね。ところが、その詰め方というのが至ってせこいのであります。

これは私がその筋の人から直接聞いたことですが、彼らの話によりますと、最初の不始末の時には先ず左小指の第一関節から切断するそうであります。そして次は第二関節、三度目は右小指の第一関節、四度目は第二関節、そして五度目は左薬指の第一関節を切って、それで極道は卒業する――いや、卒業せざるを得なくなるそうであります。

何故なら、薬指を切断しますと内蔵がガタガタになってしまって、極道などは続けてはいけなくなってしまうということでありますが、ここで薬指がいのちの元であり、息災法に当たることを想起して頂きたいのであります。すなわち、この指を切ってしまうと、息災ではなくなってしまうという密教修法の真理を、極道たちが身を以て証明しているのであります。

わたしは先に、中指を例に取って、一見何の役にも立たないように見えても、無駄なものは存在しないことをお話ししましたが、外見的には中指以上に薬指は何の役にも立っていないのであります。

まさに無用の存在とでもいうべきものでありますが、外見的には最も無用に想われる薬指が、如何に人間にとって必要不可欠の存在であるかを、わたしは極道に教えて貰ったのであります。と言っても、わたしは決して極道を推奨するものではないのであります。

然し、このように人の話に耳を傾けることはまことに大事なことであり、たとえ相手が誰であろうとも、人の話に耳を傾ければ自らは経験せずとも、真理を知ることが出来るのであり、これを弘法大師は『般若心経秘鍵』に「医王の眼には途に触れて皆薬なり」と教えておられるのであります。

修法は上求菩提、布教は下化衆生であります。上求菩提無くしては下化衆生はあり得ないのであります。倶に研鑽されんことを祈って止まないものであります。

付章●『仏伝』を読む

はじめに

思い起こせば、もう三十年近くも前であります。京都・嵯峨野の名刹大覚寺は権力争奪の大紛争を惹起したことがあります。

五年間に亘ったその紛争は新聞にテレビに週刊誌という、ありとあらゆるマスコミを介して、桑門の名利に於ける泥煩悩の醜悪さの限りを世間に見せつけた果てに、双方疲弊の極に達して終焉しました。

そして、紛争の後片付けの最中にわたしは、紛争処理の総責任者となった某師（後の大覚寺門跡）から、学院生たちへの講演を依頼されたのであります。

理由は、大覚寺内には僧侶養成機関としての学院があり、末寺関係の子弟が一年間、僧となるに必要な教育を受けることになっていますが、折りしも卒業期を迎えたその年の学院生たちが、自分たちは運悪く宗門紛争の余波を受けて、何一つ教えて貰うことが出来なかったのである。このままでは師僧の許へ帰るに帰れない——と居直っているので、何とか一席お話をして、納得させて帰して欲しいということだったのであります。

そういう事情でわたしは、初めて宗門大学卒業の若い青年僧に話をしたのですが、そこで驚かされたのは、わたしたち世代の青年時代には僧俗を問わず常識であった仏教知識が、現代の真言宗の大学出身者には皆無に近いということでありました。

例えば「四苦という言葉は知っているね」と聞くと「知らない」という。「四苦八苦という言葉を聞いたことはないか？」というと、「聞いたことがない」と真顔で答える。

「四苦とは生・老・病・死という人間の根本的な苦しみに、愛別離苦・怨憎会苦・求不得苦・五蘊盛苦という四つの人生苦を合わせたものをいい、人生途上意のままにならない出来事に遭遇して苦しみ抜くことを『四苦八苦する』と譬えるのである」と解説したのですが、一事が万事、この調子では、仏教知識に於ける余りの幼稚さに、肝腎の話が容易に前に進まず閉口したものであります。

そして、特にわたしが驚いたのは、宗門大学卒業者たちが、仏教を学ぶ上での基本ともいうべき釈尊のご生涯を描いた『仏伝』さえ知らないという、驚愕的な事実だったのであります。

如何に密教系の大学とはいえ、仏教を知らずしては密教が判る筈はないと思うのですが、なかには「真言密教は仏教ではない」と公言する教授も居たというのですから、驚きでありますが、これでは仏教思想や教理には無知ともいえる密教僧が輩出してくるのは当然であります。

だが、仏教に対して無知であって、果たして密教が判るのでしょうか。大いに疑問視せざるを得ないのであります。

本書の『修法と布教』の章でも、『仏伝』の「梵天勧請」を取り上げて、釈尊と梵天との加持感応による釈尊の転法輪によって、仏教が始まったのであるから、宗派を問わず総ての仏教は加持力と説法を持つものでなければならないと論じていますが、総ての仏教者は先ず『仏伝』から学び直すべきではないかと考えているのであります。

天竺渡来石像大仏伝浮彫

『仏伝』は釈尊の前世から誕生、修行、降魔成道、転法輪そして沙羅双樹下に於ける涅槃と、釈尊八十年の尊いご生涯が描かれたもので、そのなかには真に深遠幽玄なる仏教の教理が秘められているのであります。その総てを語るには、本書とは別に新たに一冊を要するほどでありますが、今幸いに、十場面に限ってその深い教理を語ることの出来る尊い資料が存在するのであります。

それは奈良県高市郡高取町の南法華寺（壺阪寺）にある天竺渡来の石造大『仏伝』の浮彫であります。

高さ三メートル、長さ五十メートルの巨大なこのレリーフは、長く物心両面に亘ってインドのハンセン病救済に奉仕を続けてきた壺阪寺の常磐勝憲師（故人）への感謝の記念として、インド政府から贈られたものであります。

この浄業にはインドの文化勲章受章者シェノイ氏

天竺渡来　石造大『仏伝』（壺阪寺）

一門が参加して、南インドのカルナタカ州カルカラに於いて延べ五万七千人の石彫師がインド産の石材で製作したもので、原図は奈良教育大学教授小川清彦氏がインドを旅して釈尊の道を尋ね、数百に及ぶ『仏伝』図のなかから比較的一般に知られている釈尊の道が刻まれているのであります。

石材はデカン高原の名石「シーラ」を用いて約三年二ヶ月を要して全くの手作業で刻まれました。

浮彫は十面に分かれ、各一面の中に幾つかの場面が次のように描かれています。

第一面「摩訶薩埵太子本生」「シビ王本生」「鹿王本生」「トウシタ天上の菩薩」「白象降下」、第二面「托胎霊夢」「誕生・七歩」「アシタ仙人の占相」、第三面「誕生祝「四門出遊」「出家の決意」、第四面「出家」「沙門歴訪」、第五面「苦行」「乳糜供養」、第六面「降魔成道」、第七面「五比丘との再会」「初転法輪」「ビンビサーラ王の教化」、第八面「デーヴァダッタの謀議」「酔象調伏」「十指毒手」「祇園布施」「猿の奉蜜」、第九面「シュラーヴァスティーでの神変」「仏陀の医術」「帰郷説法」「三道宝階降下」「水争いの調停」「チュンダの供養」、第十面「涅槃」

尚、この各場面には大阪大学助教授（当時）の肥塚隆氏の解説が付けられており、昭和六十一年十月二十三日、インドのクリシナ・サビー教育文化相ら千人が出席して完成式が行われ、引き続き十一月九日まで慶讃大法要が営まれています。

翌昭和六十二年一月二十五日号より、わたしは、自らが主筆を勤める真言宗の機関誌『六大新報』に、ささやかな紙面を借りて、この遺業を記念して、画面に応じて十回に亘り『天竺渡来「仏伝」への誘い』を連載したのでありますが、今回本書出版に際し、些か加筆して付章として追加した次第であります。

それは釈尊への大いなる思慕の情と倶に、仏教再検討の爲の基本理念ともなればとの想いからであります。

平成十九年十一月一日

六大新報社楼上仏間にて　著者

天竺渡来『仏伝』への誘い

前生譚は人間誕生の背後にある慈悲行を物語る

天竺渡来『仏伝』レリーフは、釈尊前生譚に始まります。既に紹介しましたように、第一面には摩訶薩埵太子本生・シビ王本生・鹿王本生・トウシタ天上の菩薩・白象降下の五場面が描かれています。

『仏伝』は何故、前生物語から始まるのでしょうか。それは、人間の生命が決して現世だけのものではなく、過去世の連続として現世があり、現世の連続として来世があることを暗示しているのであるに違いありません。

それは今日という日が突然現れたのではなく、昨日の続きとしての今日であり、今日の続きとしての明日であるのと同じようなものでありましょうか。

「摩訶薩埵太子本生」は捨身飼虎ともいい、釈尊前世の摩訶薩埵太子が、飢えた虎の親子のために、おのが身を崖から投じて虎に与えた話であり、「シビ王本生」は、シビという徳の高い王が、鷹に追われた鳩を救うために、わが身の肉を切り取らせた話であります。

「鹿王本生」は釈尊が美しい鹿の王であった時、川に溺れる男を助けたが、男は約束を破って鹿の在処を教え、猟師が矢を射ようとした時、鹿王は王様に総てを告げて鹿たちの安全を守るのであります。

「トウシタ天上の菩薩」は釈尊がこの世に来生する前は兜率天の菩薩であったことを示し、そして「白象降下」は兜率天の菩薩が、この世を救うために釈迦族の王子として生まれることを決意、白象に

『仏伝』第一面

姿を変え輿に乗り、楽人の先導で地上に降下する話であります。

そして、これが第二面の「托胎霊夢」すなわち、仏母摩耶夫人が、聖なる白象が胎内に入ると夢見て釈尊を懐胎する場面へと繋がるのですが、これらの前生譚が物語っているのは、果たして何でありましょうか。

これらの前生譚に始まるために『仏伝』は、とかく現実遊離の、単なる子供相手の美しいお伽話のように誤解されがちでありますが、物語の一つ一つにはまことに深い仏教真理が秘められているのであります。

勿論、美しいお伽話として、幼いうちから子どもたちに話して聞かせることは、情操教育として大切なことであります。例え難しくて幼い頭脳に真理は理解出来なくても、幼い魂は美しさを養われるのであります。

例えば『涅槃経』に「雪山童子」の物語があります。釈尊が前世に於いて雪山童子として山中に修行中、何処からともなく聞こえてきた美しい声で世の無常を告げる偈を聞き、必ずや悟りを説く残りの半偈があるに違いないと、辺りを見回した時、そこに現れたのは、その美声とは似ても似つかぬ恐ろしい形相の羅刹の姿だったのであります。

そして、雪山童子は僅かな半偈を聞くためにわが身を羅刹に与えるべく、断崖に身を投じた時、天空に響き渡る美しい奏楽とともに羅刹の姿は美しい帝釈天となって、童子の身を受け止めたのであります。

この雪山童子の物語には、仏は決して仏顔しては現れない、いや、仏の顔どころか鬼の顔をして現れる――すなわち、迫害者や自らの意に背く者、或いは逆境という運命の中にこそ仏の働きはあり、仏の声は聞こえてくるということが教えられているのですが、幼い心にそのような深い真理は理解されよう筈もありません。

然し、幼い日、兄の紙芝居で見た雪山童子の物語は、天空に童子を支える美しい帝釈天の姿とともに、幼い魂に焼きつき、余命幾ばくもなくなった今になお、わが脳裏から消えないのであります。

わたしは、この自らの経験を通して、幼児に於ける情操教育の大事を痛感するものであり、従って『仏伝』が、お伽話として幼子たちに読んで聞かされることの大事を憶念するものですが、仏法を求める者にとっても、『仏伝』は先ず読むべきものであると考えているのであります。

余談になりましたが、この釈尊前生物語に共通するのは「慈悲行」であり、これらの前生譚が物語っているのは、わたしたちが人間としてこの世に出生した背後には、幾世にも亘る輪廻転生の中に於ける「慈悲行」があったことが教えられているのであります。

わたしは、仏教が六道を説き六波羅蜜を説くのは、人間誕生への生命のサイクルを教えているのであると憶います。

六道は六趣とも言い、地獄・餓鬼・畜生・修羅・人間・天の六趣（道）で、地獄・餓鬼・畜生を三悪道、修羅・人間・天を三善道と名づけますが、これが意味しているのは、六道とはすなわち善悪世界であるということであります。

では、善悪世界とは何か？　すなわち善悪の業報として受ける世界であるとともに、善悪を価値基準として、常に善だ悪だと対立して生きる世界であり、仏教はこれを「世間」と名づけるのであります。すなわち「世間」とは「隔絶」を意味する仏教語で、六道を意味するのであります。

然しここで留意すべきは、六道の「道」も六趣の「趣」もともに「過ぎゆくところ」という意味であって、止まるべきところには非ずということであります。

すなわち、六道は「過ぎゆくところ」であって、決して止まってはならない世界であり、修行の場ではあるが、完成の場ではないということに他ならないのであります。

釈尊の前生譚が教えているのは、生命は長い長い時間をかけて六道を輪廻しつつ、六道を道場として六波羅蜜（菩薩六種の供養で慈悲行はその最たるもの）を行じつつ、苦の世界を脱して天（楽）の果報を受け、やがて天から苦楽相半ばするこの人間世界へ来生することが教えられているようであります。

わたしたちが人間として来生した背後にある長い六道輪廻の慈悲行に想いを致す時、決してこれを無に帰するような生き方は出来ない筈であります。

右脇降誕七歩遊歩は生命の清浄性と修行とを象徴する

第二面は釈尊降誕の場面であります。「托胎霊夢」「誕生・七歩」「アシタ仙人の占相」の三場面が描かれています。

所謂、仏母摩耶夫人が夢に、聖なる白象が体内に入ると見て釈尊をご懐妊、出産のために実家へ帰る長い旅の途中、ルンビニ園で休息され、無憂樹の花に右手を差しのべられた時、その右脇から釈尊が降誕されて七歩遊歩、天地を指し示して「天上天下唯我独尊、三界皆苦我当安之」の呱々の声となるのであります。

「アシタ仙人の占相」とは、誕生直後の釈尊の将来を占ったアシタ仙人が、釈尊が仏陀となって無上の法を説かれることを預言すると共に、「だが、わたしには余命幾ばくもなく、釈尊成道を待たずに死ななければならないのが悲しい」と言って落涙する場面であります。釈尊降誕場面はまことに感動的であり、そして象徴的でもあります。

「托胎霊夢」には人間誕生に於ける崇高なる理念の大事が暗示されています。ここには人間誕生に於

『仏伝』第二面

ける父親の存在が否定されているのであります。

そして、それは釈尊のみに限らず、総て聖者の出生には父親が否定されているのであります。すなわち、釈尊は御母摩耶夫人が、聖なる白象が胎内に入ると夢見て懐妊され、キリストはその母マリアが「聖霊によりて」妊り、そして弘法大師は、御母玉依御前が「天竺の聖僧懐に入る」と夢見て懐妊されていますが、これらはいずれも生身の父親否定であります。

聖者の出生には何故に父親が否定されるのでしょうか？　単に聖者の出生を美化し、或いは並の人間とは違う特別の存在であると強調するためでありましょうか。

いや、決してそうではないとわたしは思います。もし聖者が超常的な現象で出生した超人でなければならないとするならば、わたしたちは唯ひたすらその超人に縋る以外に救われる道はなく、自らが道を求めて聖者となることは断念せざるを得ないからであります。

聖者とは決して特種な現象で出生する超常者ではない。万人が聖者となり得ることを、身を以て示されているのであります。

では、聖者の出生に於ける父親否定が意味するものは何か？　すなわち、父は唯単に肉身の継承に止まらず、理念・精神をわが子に継承せしむる存在であれ、ということに他ならないのでありましょう。

弘法大師の『御遺誡』に「師資の道は父子よりも相親し。父子は骨肉相親しといえども、ただこれ一生の愛にして、生死の縛なり。師資の愛は法の義を以て相親しみ、世間出世間に苦を抜き楽を与う」と言うお言葉がありますが、これは単に師弟愛と父子の愛とを比較してあるのではなく、父たる者はわが子に対しては肉親愛に止まることなく、精神的指導者となってわが子を導くべきであると言われているのであると憶念されるのであります。

そして現代の悲劇は、父親にこの精神的指導性が失われたところにあると言えましょう。聖者の出生に於ける父親否定が意味しているのは、父は精神的存在であれということであります。

そして右脇降誕に象徴されているのは「性」の清浄性でありましょう。本章の『修法と布教』でも触れましたように、手は所有欲という人間業――すなわち、煩悩の象徴でありますが、煩悩の最たるものは性の欲望でありましょう。

インドでは右手は「聖」を象徴するものですが、その脇は付け根、すなわち根元、本質を意味し、人間誕生に於ける愛欲煩悩の奥なる生命の聖なる本質を表しているのであります。

如何なる聖者と雖も、両親の愛欲煩悩なくしては、この世に来生することは出来ません。然し、出生したその子が釈尊の如き聖者となった時、両親の愛欲煩悩は「煩悩即菩提」となって浄められるのであり、その子をして聖者たらしめるものは、父の崇高なる精神性と、その精神を具象化した母の日々の養育にあるのですが、残念ながら現代はその双方を欠き、親子ともども荒涼たる精神のなかで、家庭崩壊現象を起こしているのであります。

そして「七歩遊歩」は生命の輪廻（修行）と完成とを象徴しているのであります。

すなわち七歩の「七」とは「六道輪廻」を超えることを意味しているのですが、六道輪廻とは善悪業報の故に苦楽の世界を輪廻流転することであると同時に、その苦楽のなかにあって修行することに他ならないのであり、これを菩薩の修行である「六波羅蜜」

――すなわち、六種供養とも名づけるのであります。

『法華経』提婆達多品に次の言葉があります。

「爾時、仏、諸々の菩薩及び天人四衆に告げたまわく。『吾、過去無量劫の中に於いて法華経を求めしに、懈倦有ること無かりき。多劫の中に於いて常に国王となりて、願を発して無上菩提を求めしに、心退転せず。六波羅蜜を満足せんと欲するが為に布施を勤行せしに、心に象馬、七珍、国城、妻子、奴婢、僕従、頭目、髄脳、身肉、手足を悋惜することなく躯命をも惜しまざりき（中略）。法のための故に、国位を捐捨して、政を太子に委せ、鼓を撃ちて四方に宣令して法を求めき。『誰か能く我が爲に大乗の法を説かん者なる。吾当に身を終るまで供給走使すべし』。時に仙人有り、来たりて王に白して言さく、『われ大乗を有てり。妙法蓮華経と名づく。若し我に違わざれば、当に爲に宣説すべし』。王、仙の言聞きて歓喜踊躍し、即ち仙人に随いて諸須を供給し、果を採り、水を汲み、薪を拾い、食を設け、乃至身を以て床座と作ししに、身心倦きことなかりき（中略）。仏、諸の比丘に告げたまわく『爾時の王とは則ちわが身是れなり、時の仙人とは今の提婆達多是れなり（中略）。等正覚を成じて、広く衆生を度すること、皆提婆達多の善知識に由るが故なり』」と。

ここに説かれているのは、善悪業報観という世間の思想を超えた一如平等なる生命の風光であり、わたしの愛誦擱く能わざる一節であります。

「釈迦に提婆」「キリストにユダ」と言われますように、提婆達多は釈尊の従兄弟でありながら、釈尊に取って代って教団を統率すべく悪逆の限りを尽くすのですが、その提婆達多をして、幾世にも亘る前世に於いて釈尊は大乗の教えを受けるために自分が身を以て仕えた仙人であり、その仙人が今提婆達多となって釈尊に真の大乗教とは何かを説くために悪逆非道を演じているのであると、説かれているのであります。

釈尊が仙人に仕えたときの様子を『法華経』は「時に奉事すること千歳を経て、法のための故に、精勤給仕して、乏しき所無からしめき」と述べています。

ここで注目すべきは、釈尊の仙人に対する千年の長きに亘る奉仕の中に「身を以て床座と作す」とあるのが、何を意味するかであります。

床座とは寝具や座具すなわち寝台や布団、座布団や椅子ということですが、釈尊がわが身を横たえて寝台代わりになったということではなく、牛馬となって労役に耐えた後、皮を剥がれて寝具や座具になったことを意味しているのであります。

然も、それが千年の長きに及んだというのでありますが、ここに示されているのは生命の輪廻転生と一如平等性であります。

すなわち、ここに示されているのは、六道輪廻はそのまま菩薩の六波羅蜜の供養であるということであり、生命は牛馬となって人間のために布施・忍辱等の苦を忍びつつ奉仕し、その業報として天の楽を受け、やがて成仏の器としての人身を受けるということであり、わたしたちが人間として出生した背後には、如何に長い六道輪廻と菩薩行があったかが説かれているのであります。

『仏伝』に戻ります。七歩遊歩とは六道輪廻を超えることを意味し、「天上天下唯我独尊」とは天上天下――すなわち、苦楽の六道を超えて来た身なればこそ、苦として厭わず、楽として執着せず、苦楽を超えて解脱の身となることが出来るというのであり、「三界皆苦我当安之」とは、苦楽を超えた身なればこそ、苦楽を超える道を説くことが出来るということであります。

「アシタ仙人の占相」が教えているのは、仙人に象徴されているのは六道輪廻の衆生

（仙人はすなわち千人＝衆生ということ）であり、六道輪廻を超えて仏陀となる時、仙人の寿命は尽きるのであり、仏陀となる可能性とともに、現世への愛着をも象徴しているようであります。

四門出遊に象徴される人間苦の直視こそ求道の原点

第三面には有名な「四門出遊」を中心に「誕生祝」と「出家の決意」が描かれています。

第二面の「右脇降誕・七歩遊歩」が、人間誕生の尊厳性を表現したのに対して一転、ここに表現されているのは人間苦の現実相であります。

釈尊は生後七日にして生母摩耶夫人と死別されています。親鸞聖人に「人間苦多しと雖も愛別離苦最も切なり」というお言葉がありますが、その意味では釈尊は生まれながらにして、最も切なる人間苦の人であったといえましょう。

後年、出家の直接動機となった「四門出遊」の背後には、生まれながらにしての生母との死別の影響が強かった筈であります。

「誕生祝」が象徴しているのは、世間的（現世的）歓びの虚しさであります。

人は、人間誕生を歓び祝います。だが、それは真の誕生の意義を祝うのではなく、家の跡継ぎや自らの老後の扶養者、或いは自己の慰めとしてであります。そして、やがては恩愛の獄に繋がれて苦悩し、愛別離苦に泣くのであります。

序章でも論じましたが、弘法大師の『理趣経開題（生死之河）』には次のようにあります。

「それ生死の河は恩愛によりて深広なり、涅槃の山は福智を積んで高大なり。いわゆる恩とは父母等の恩、愛とは妻子等の愛なり。これ恩、これ愛、よく出世の船を覆し、生死の綱を結ぶ。もし迷をして

『仏伝』第三面

解かざらしめば、三界に溺れて出づる期なく四生に淪んで衆苦を受けん。父父母母さらに生じさらに死す、河水の相続するがごとし。子々孫々たちまちに顕われ、たちまちに隠れて、空雲の生滅するがごとし。相続し相続して、身を招き身を損す、身を受け身を弃つれども苦身を離れず。苦というは、すなわちこれ生・老・病・死・憂悲・苦悩・愛別・怨憎等の八苦これなり。これこの八苦は、よく人の身心を逼迫し、妙適を受けしめず。」と。

人間誕生は、成仏の尊い機会であるというその真の意義が悟られない限り、手放しで慶ばれるものではないのであります。そして、王位継承の太子誕生を祝った釈迦族の人たちも、やがてその悲に遭うのであります。

「四門出遊」は青年釈尊の人間苦と無常観を象徴するものであります。釈尊は四門を通して老病死の人々の姿を見て、老病死の原因は生にあり、生の原因は歓楽（愛欲）にあることを悟り、最後に出会った苦行者の、愛欲解脱を求める姿に、青年釈尊の心は動き、そして「出家の決意」につながるのであります。

二十九歳、釈尊はヤショダラ妃の寝姿を見て、遂に出家を決意されたのであります。

だが、それはたんに苦の原因たる愛欲を断つというだけの理由ではなく、愛妃の寝顔に人間苦を痛感されたからであるに違いありません。寝顔ほど人間苦を露呈するものはないからであります。

一切の修行はこの世的なるものを捨てることに始まる

第四面は「出家」と「沙門歴訪」の二場面であります。

ここには、修行の基本が出家——すなわち、この世的なるものの「捨」に始まることが教えられているのであります。出家とは、この世的なる営みの象徴として家を出離するのであります。家は恩愛の象徴でもあるからであります。

「出家」の場面には、青年釈尊が愛馬カンダカに跨り、従者チャンダカ一人を伴って王城を出られる場面と、寝に就かれている父王や衛士の姿が描かれていますが、父王の姿は、最愛の世継ぎを失った王の悲しみの余りの病臥の姿と見られないこともありません。

何かを求めるためには、何かを捨てなければならない。何事にも犠牲は避け難いものです。父王や王妃ヤショダラの嘆き――然しそれは、やがては恩愛を超えた大いなる楽しみを与えるためだったのであります。

第三面の「出家の決意」には、釈尊の出家を助ける神々の姿が描かれていて、釈尊が王城を抜け出る時には、蹄の音で人々が目を覚さないように、神々が馬の脚を支えたといいますが、ここには、仏陀の出現を神々が如何に願っているかが示されているのであります。同時にそれは、神々もまた仏法に救いを求めているということでもありましょう。

話は少し外れますが、『般若心経秘鍵』は弘仁九年の天下大疫に際して、弘法大師が嵯峨天皇に『般

『仏伝』第四面

若心経』の要諦を説かれたもののように思われがちでありますが、嵯峨天皇に説かれた位のことで「未だ結願の詞を吐かざるに、蘇生の族途に佇み、夜変じて日光赫々たる」というような奇瑞が起こる筈がないのであります。

嵯峨野に於ける弘法大師の『般若心経』講読は、形而下的或いは唯物史観的には嵯峨天皇に説かれたもののようではありますが、実は嵯峨天皇に説くという形を借りて、五社明神にこそ説かれたものであり、だからこそ、あれほどの奇瑞が現象したのでありま す。

同じことは修法に於ける「神分」にもいえます。修法は最初に本尊聖衆の功徳を讃えて行者の願意を述べる「表白」に続いて、必ず神々に仏法を施す「神分」という法楽を捧げるのでありますが、神々の加護無くば修法一つ満足には成就出来ないということでありましょう。

そしてそれは、弘法大師の真言密教受法の背後には、日本の神々の大いなる加護があったことを物語っているのではありますまいか。

「沙門歴訪」は、剃髪して粗衣を纏って苦行林に入った釈尊が、高名な沙門（修行僧）

を訪ねて教えを乞う場面ですが、ここには修行者にとって最も大事なことは、良師を求めて教えを乞う謙虚さであることが示されているのであります。

本章でも教えは自らが良師を訪ねて受けるものであると述べましたが、キリストにも「求めよ、さらば与えられん」という言葉があります。本当に教えを求める人は謙虚にならざるを得ないのであります。

六年間の難行苦行に象徴される六道輪廻の生命の修行

第五面は「苦行」と「乳糜供養」の二場面であります。

「苦行」は野獣の棲む森の中、不気味な魔性どもの脅しと誘惑のなかで、骨と皮だけの悽愴な姿で苦行を続ける釈尊の姿が描かれています。

そして、「乳糜供養」は、六年間の苦行を捨てて尼連禪河で体を清めた釈尊が、村娘スジャーターが捧げる乳糜（乳の粥）を合掌して受けられる場面であります。父王が釈尊に付けられた五人の従者が、苦行を捨てた釈尊を軽蔑の眼差しで見ている所が描かれています。

この二つの場面は、たんに釈尊の伝記のみではなく、釈尊のご生涯の事象を借りて、その背後に、深遠幽玄なる仏教の生命観が語られているようであります。

例えば、釈尊苦行の六年は先にも述べましたように、六道輪廻の苦を象徴し、骨と皮に痩せ衰えて血管までが浮き出した釈尊の悽愴な苦行の姿は、人間の姿というよりは、人間以前の姿を想わせます。

成仏の器たる人身を得んがために六道を輪廻し、牛馬となっておのが身肉を割き骨を砕いて苦行する生命の修行者（それを菩薩と名づける）を象徴しているのではないでしょうか。

では、六道輪廻を罪報の所生と見るのは世間法に

『仏伝』第五面

過ぎず、出世間法に於いては、六道輪廻とは生命の完成を目指す修行道場に他ならないのであり、ここに業観を超える道も示されているのであります。

更にまた、このように考えるとき、第一面の前生場面も生きてくるのであり、第二面の「誕生・七歩」の七歩遊歩の意義も頷けてくるのであります。「七」は完成（完全）を意味する数字、すなわち生命の完成を意味するのであります。

そして「乳糜供養」には、長い六道輪廻の苦行の果てに、漸く成仏の器たる人身を得て、産湯の後に母乳を受ける人間の姿が暗示されているようであります。

「人身受け難し、今既に受く、この身今生に於いて度せずんば、いずれの生に於いてかこの身を度せん」といいますが、当に人間として生まれることの尊さを憶念させる場面であります。

そして、これが次の「降魔成道」へとつながるのであります。苦行を捨てた釈尊を軽蔑する五人の従者に象徴されているのは、五欲煩悩であるかも知れません。

結跏趺坐は大盤石の姿勢こそ仏道成就の基本であることを教える

第六面は『仏伝』のハイライト「降魔成道」図であります。

乳糜で体力を回復し、尼連禪河の西岸のピッパラと呼ぶ無花果の大樹の下に乾草（吉祥草）を敷いて、深い禅定に入った釈尊の成道を妨げるために、天魔が魔軍を率いて襲来するのであります。

図には、右手で大地を指す触地印（降魔印）を結んで結跏趺坐する釈尊の左右から、弓箭・刀剣をもって迫る恐ろしい魔性どもとともに、妖艶・官能的なポーズの三人の女の姿が、釈尊の最も身近に描かれていて印象的であります。

普通にはこの場面は、釈尊内面の煩悩魔との闘いを具象化されたものであると解釈されています。確かにそれも一面の真実ではありますが、密教修法の五種結界に照らしてみるとき、必ずしもそうとばかりは言えないのであります。

何故なら、密教修法の五種結界は、行者自らの内なる五欲煩悩に相呼応して、外なる魔性が襲来することを教えているからであります。

釈尊成道に際して、魔軍を率いて襲来した天魔は、『理趣経』の説処である他化自在天の王で、行者の慢煩悩――すなわち増上慢がこれを誘い、そして、他化自在天の最も好むものは愛欲煩悩であるといわれています。

醜悪・面妖な魔軍の中で最も釈尊の身近に、愛欲を誘う妖艶な女体が描かれているのも、天魔の障碍が女体の誘惑となってわたしたちの身近に現れることが暗示されているようであります。

では、如何にすればこの魔軍を退散せしむることが出来るか。その基本の第一は結跏趺坐の坐法であります。

結跏趺坐については、前著『修法』に詳述してい

『仏伝』第六面

ますが、左足を上にして組む結跏趺坐は「吉祥坐」「降魔坐」ともいわれ、天魔はこの坐法を見ると、今もなお退散するといわれており、ここには深層意識に対する仏教の深い思想が秘められているのであります。

すなわち、三千年の昔天魔は、尼連禪河の畔の菩提樹下にこの姿で禅定に入った釈尊に退散させられたその記憶が、今もなお天魔をして恐れしめるというのでありますが、ここに暗示されているのは、人間の意識・想念というものが決してその場限りで泡沫のように消え去るものではなく、時空を超えて生き続けるということであります。

そして、天魔をして退散せしむる最大のものは、この結跏趺坐の姿勢から生まれる智慧によって自らの内なる魔性を自覚することであります。

『大無量寿経』に次の一節があります。

「哀れみて施草を受けて仏樹の下に敷き跏趺して坐す。大光明を奮い魔をしてこれを知らしむ。魔、官属を率いて来たり逼試す。制するに知力を以てし皆降伏せしむ。微妙の法を得て最正覚を成ず」と。

これはまさしく釈尊降魔成道の場面でありますが、ここで注目すべきは「大光明を奮い魔をしてこれを知らしむ」と「制するに知力を以てし」の言葉でありましょう。すなわち、前者に暗示されているのは、釈尊が智慧によって、我が内なる魔性を自覚されたということであります。「光明は智慧なり、智慧はひかりのかたちなり」（『一念多念證文』）といわれますように、光明は智慧の象徴であり、その光明を以て天魔に対して、自分はこれから悟りを開こうとしていると知らされたということは、釈尊が智慧によって自らの内なる魔性を自覚されたことを意味しているのであります。

そして更に「制するに知力を以てし」の一語に示されているのは、魔を制するものは智慧以外にはない――すなわち、智慧による自己の魔性の自覚以外にはないということでありましょう。

では、自らの魔性を知らざるものは智慧なき者と言わざるを得ないのであります。自らの魔性を自覚するが故にこれを制することが出来るのであって、自己の魔性を認識することの出来ない者には、仏道は遙かに遠いと言わざるを得ないのであります。

釈尊成道の基盤は先ず自己の内なる魔性の自覚だったのです。そして、襲来する魔性どもの中で妖艶セクシーなる女体が、最も釈尊の身近に描かれているのも、人間煩悩の有り様を象徴しているようであります。

すなわち、人間煩悩の中で最も身近で然も断ち難いものは愛欲であることが暗示されているのであります。女体が妖艶セクシーなのではなく、男性の愛欲煩悩が女体を妖艶セクシーと見るのであります。

釈尊と雖も例外ではないことがここには暗示されています。ただ釈尊は知力によってその愛欲煩悩を克服されたのであり、それが次の第七面へと展開するのであります。

中道とは苦楽の世間を出て出世間法に生きることである

第七面から九面までは釈尊成道後の事跡であります。

第七面には「五比丘との再会」「初転法輪」「ビンビサーラ王の教化」の三場面が描かれています。

自らが体得した悟りの内容が、人語を以ては説き難いとともに、世の常識に受け入れられ難きを思い、沈黙を決意された釈尊ではありましたが、梵天の三度に亘る要請に遂に転法輪を決意、ベナレス郊外の鹿野苑で五人の比丘に初の説法をされたのが、「五比丘との再会」と「初転法輪」の二場面であります。

「五比丘との再会」には、曽て苦行を捨てた釈尊に侮蔑の眼差しを投げた五人の比丘が、近づいてくる釈尊の尊い姿に思わず立ち上がり、合掌して迎える光景が描かれ、「初転法輪」には、印を結んで五比丘に初の説法をされる姿が描かれています。

そして、この二場面は、従来は釈尊初転法輪の事象として、ここに秘められている真理には触れられてきていないが、ここには実に深い仏教の真理が象徴されているのであります。

「五比丘との再会」に象徴されているのは、煩悩即菩提の真理であり、大乗仏教はここに始まると言っ

『仏伝』第七面

ても過言ではありません。

五比丘に象徴されているのは五体（肉体）であり、肉体に伴う五欲煩悩であります。釈尊は五欲煩悩からの解脱のために、五欲煩悩を否定し、五欲煩悩の元である肉体を否定すべく苦行をされた。

だが六年間の苦行の果てに、人身こそが成仏の器であり、この肉体を通してこそ人は仏になれるのであるという「即身成仏」の悟りへ到達されたのであります。

そして、肉体の肯定はそのまま五欲煩悩の肯定でもありますが、ただ安易に自己の煩悩を肯定するのではなくして、自らの煩悩は知力を以てこれを統御するとともに、他人の煩悩を衆生救済の作用であると受容する智慧を体得されたのであります。

曽ては苦行を捨てた釈尊を侮蔑した五比丘が、近づいてくる釈尊の尊い姿に思わず立ち上がり、合掌して迎える場面に象徴されているのは、知力によって肉体的欲望——すなわち、五欲煩悩が統御されたことでありましょう。「五比丘との再会」に教示されているのは、否定を通しての大肯定であります。

そして「初転法輪」には、この否定を通して大肯定に至る道が説き示されているのであります。

釈尊の初転法輪は中道・四聖諦・八正道であったといわれています。中道とは慾楽に惑溺せず苦に執せざること。四聖諦とは苦・集・滅・道すなわち、苦と苦の集（原因）と苦の滅（克服）と苦の滅に至る道であり、苦の滅に至る道として正見・正思惟・正語・正業・正命・正精進・正念・正定があります。

だが、生命の輪廻を憶うとき、苦の世界にあって苦の何たるかを知らぬ畜類と、楽のみの世界にあって楽の何たるかを知らぬ欲天の世界を輪廻して来たればこそ人間は、苦楽順逆のこの世界にあって、苦楽の何たるかを知り、苦楽を通して苦楽を超えることが出来るのではないかと想われるのであります。

中道とは、たんに苦楽の中間を意味するのではなく、苦楽の中にあって然も苦楽に執しないことであります。

提婆達多に象徴されているのは因果応報の世界である

第八面には「デーヴァダッタ（提婆達多）の謀議」「酔象調伏」「十指毒手」「祇園布施」「猿の奉蜜」が描かれていますが、これらに象徴されているのは悪因悪果・善因善果の因果応報観であり、その背後には、因果応報を超えた仏陀の世界が暗示されているのであります。

「デーヴァダッタの謀議」等前三者には悪因悪果が、後の二者には善因善果が描かれています。

「デーヴァダッタの謀議」は第七面の「ビンビサーラ王の教化」に続くもので、いわゆる「王舎城の悲劇」の発端であります。

すなわち、釈尊の従弟の提婆達多は、釈尊にとって代って自らが教団の統率者たらんとして、釈尊最大の外護者であるマカダ国ビンビサーラ王の王子アジャセを教唆して、父王を殺害させるのであります。

「酔象調伏」は、釈尊殺害のために放った狂象が、釈尊の前でおとなしく頭を下げてしまい、「十指毒手」は、提婆達多が自分の爪に毒を塗って釈尊殺害を試みるが、逆にその毒のために自らが地獄に堕ちてしまうのであります。

「祇園布施」は、祇園精舎建立のためにアナータピンダダ長者が金貨を祇陀太子の土地に敷き詰める光景を描き、「猿の奉蜜」は、釈尊に花の蜜を供養した猿が、それを賞味される釈尊の姿を見て歓びの余り足を滑らして穴に落ちて死に、後にバラモンの子に生まれ変わる話で、善因善果が暗示されています。

だが、善因善果・悪因悪果は世間次元の思想であって、決して仏教の思想ではないのであり、善悪因果

『仏伝』第八面

を超える道こそが仏陀の思想なのであります。

第二面で既に述べましたように『法華経』提婆達多品には、釈尊をして真の仏陀たらしめる爲にこそ、提婆達多は悪逆非道を演じたのであり、『観無量寿経』もまた提婆達多の悪業によって生まれたのであります。

そしてチュンダの供養という善なる行為はむしろ釈尊入涅槃の縁となるのであり、ここには悪が善の縁となり、善が悪の引き金ともなるという、世間の善悪応報思想の虚しさが暗示されているのであります。

仏陀にとって三界はわが有・衆生は悉くわが子である

第九面はバラエティーに富む六場面が描かれています。

「シュラーヴァスティーでの神変」は、ジャイナ教の修行者に奇蹟を示すように迫られた釈尊が、マンゴーの実を植えて一日で大樹に育て、自らの体から火と水を同時に放出する奇蹟を現じ、「仏陀の医術」は病人に医術を施す福祉活動を表しているのであります。

「帰郷説法」は、成道後初めて郷里に帰った釈尊が、老いた父王や妃に法を説いて、わが子の王子ラーフラを出家させせられるのであります。

「三道宝階降下」は、釈尊が忉利天に生母摩耶夫人を訪ねて説法し、梵天・帝釈天を伴って三筋の階段の中央を降下して戻られるのであります。

なお、このほかに「水争いの調停」と「チュンダの供養」の二図が描かれていますが、ここには仏陀（如来）の説法（活動）が現世のみならず、三界・三世に及ぶことが示されているのであります。

すなわち「シュラーヴァスティーでの神変」には、宿業の制約や束縛から解脱した釈尊が、現世を超えて活動されることが表されています。神変とはこの

『仏伝』第九面

世の制約を超えることを意味するのであります。そして、それは「三道宝階降下」にも象徴されています。

「忉利天」は物質世界を生み出す始源、そこの主である帝釈天はこの世の生みの親とも言うべき存在であり、釈尊がこの忉利天に生母摩耶夫人を訪ねられたということは、ここが人間世界の遠い始源の世界であることを暗示しているのでありましょう。

仏教の「六道」説では、人間の上に位置する天道には更に六段階があって、これを六欲天と呼びますが、下——すなわち人間界に近い方から四王天・忉利天・夜摩天・兜率天・化楽天・他化自在天の六天に分かれ、このうちの四王天と忉利天は須弥山に拠って住するので地居天と称し、夜摩天以上は虚空密雲の上に住するので空居天と称すと説かれていますが、上にゆくほど物質的には希薄な存在となるにも拘わらず、その力は増大するようであります。

四王天とは毘沙門天などの四天王が支配する世界でありますが、四天王はその上の忉利天の王である帝釈天の軍神として、天下を巡回して衆生の善悪を調査し帝釈天に報告するのですが、衆生が善を行っていると聞けば帝釈天は喜び、衆生が悪を行っていると聞くと悲しんで、阿修羅との闘いに備えるといわれていることや、更にまた、わたしたちの住む太陽系を象徴するような須弥山によって住するとか、地居天というその名称からも、忉利天がわたしたちの世界――すなわち地球的環境或いは物質的環境に身近な存在であることが想像されるのであります。

従ってこの忉利天を仏母の世界といい、また釈尊が生母摩耶夫人をここに訪ねられたということに暗示されているのは、ここが物質の始源の世界であるということに違いありません。

そして六道のなかで、天は善業の果報として受ける楽の世界であり、その他は苦の世界であるといわれていますが、『仏伝』に於ける「三道宝階降下」の三筋の階段に象徴されているのは、両端の二筋は苦と楽の世界を、そして中央はその苦楽を超えた道であるに違いないのであります。

従って、釈尊が生母摩耶夫人を訪ねて忉利天から三道宝階を降下された「三道宝階降下」が物語っているのは、忉利天が物質世界の始源であるとともに、善なるものの始源でもあることと、善悪応報というこの世的な宿業観の束縛を超えた仏陀には既にこの世の制約は通じず、自由に三界を遊歩されるということであります。「仏陀の医術」「帰郷説法」「水争いの調停」などは、仏陀の現世に於ける活動であります。「仏陀の医術」には肉体の尊重と慈悲、「帰郷説法」には肉親愛を超える道、「水争いの調停」には善悪利害を超える道が示されています。

そして、いよいよクライマックスの釈尊涅槃へといたるべく「チュンダの供養」となるのであります。

人間誕生の尊さを改めて憶念させる仏陀釈尊の大涅槃

最終面は『仏伝』中最も厳粛・感動的な「涅槃図」が全面に描かれています。涅槃図に憶念されるのは人間の尊厳であります。

釈尊最後の転法輪の旅は王舎城から北への旅だったのであります。釈尊の齢すでに八十歳でした。影の形に添うように付き従う阿難尊者には、師の背姿がいたく疲労を滲ませているように見えてなりませんでした。

ガンジス河を渡りパーヴァーの村で釈尊は、金属細工師の息子チュンダの家の食事に招かれましたが、その「チュンダの供養」によって釈尊は激しい下痢に襲われ衰弱を早められるのであります。一説には供養の茸が悪かったとも言われていますが、ここにも世間の善悪の虚しさが暗示されているのであります。

人の世の善悪は虚しく、善が悪を生み、悲しみのもととなることがあり、ここに親鸞聖人の「善悪の二つ総じてもて存知せざるなり」のお言葉が憶念されるのであります。

悪として責められず、善として誇ることは出来ず、善悪を超えた所にのみ真実世界は開けて来るのであります。

『仏伝』第十面

下痢で体力を消耗しきった釈尊は、クシナガラ郊外の沙羅樹の林に入り、阿難尊者に命じて床を敷かせて横たわられたのであります。

「祇園精舎へは遂に帰られなかった」と釈尊は、阿難尊者に呟かれた。そして釈尊は最後の仏弟子となったスバドラに法を説き、八十歳の生涯を閉じられるのであります。

この場面に憶念させられるのは、如何に世間を超脱された仏陀釈尊と雖も、この世に生きる限りは「無常迅速」というこの世の定めの埒外にはあり得ないということであります。

そして「祇園精舎へは遂に帰れなかった」という釈尊の呟きに象徴されているのは、祇園精舎までという釈尊の転法輪の旅にも完成というものがあり得なかったように、道を求め続ける者にはこれで良しという「完成」はあり得ないということであります。まさしく宗教詩人宮沢賢治の「永久の未完成これ完成である」の一語が想起されてくるのであります。

仏涅槃図は一際大きな尊像として描かれ、或いは鋳造されています。仏身の大きさは、この世の束縛を解脱したことを意味すると共に、虚空に遍満する法の体得者であることを示しているのです。

然し、涅槃図に憶念されるのは、人間としての釈尊八十年のご生涯なくば、人間救済の道は遂に開かれなかったということであります。人間として生まれ、人間として生きることの尊厳性が釈尊涅槃図には示されているのであります。

合　掌

あとがき

本書は真言宗の機関誌である『六大新報』第十八代主筆・主幹、故今井幹雄大僧正が生前出版を予定され準備されていたものの、遷化により中断を余儀なくされていたのですが、本年の七回忌を期して出版することとなりました。

本章の「修法と布教」は故人が平成二十年の『六大新報』新年号に掲載されたもので、まとまった文章としては最後の作品となったものです。

故人は晩年、不動法を修することを日課とされており、その修法を通して、改めてそこに秘められている密教や仏教の奥深い真の教えを次々と感得してゆかれました。「仏教とは加持と布教こそが生命であり、そのことを教えているのが修法である」ということを様々な例を挙げつつ縦横無尽に説いておられ、前著『修法』や『密教法具に学ぶ』その他、様々な機会に書かれてきたことのエッセンスも詰まっています。

付章の「『仏伝』を読む」は三十年ほど前に『六大新報』に連載されたものですが、

特にこの「『仏伝』を読む」は広く一般の方々にも読んで欲しいと望んでおられ、かなり加筆されて文章も解り易く書き替えられています。本書が一人でも多くの方に愛読して頂けるよう切に願うものです。
最後になりましたが、本書に奈良・壺阪寺様の天竺渡来石造大『仏伝』レリーフの写真を掲載させて頂きましたことに対し、改めて壺阪寺様に御礼を申し上げますとともに、本書出版に快くご賛同下さいました御遺族、関係各位に深く謝意を表します。

平成二十六年六月十五日

六大新報社　代表　喜多村龍介
前主筆　溝内眞理子

今井幹雄（いまい みきお）

昭和6年7月29日生、平成20年5月4日遷化
真言宗機関誌『六大新報』主筆・主幹
（自昭和46年4月1日～至平成20年1月1日）
定額位、大僧正、元大覚寺耆宿
京都市右京区京北矢代中 松壽寺前住職

■著書

『修法』『人生護身術道場』『沈黙の菩薩』『密教法具に学ぶ』『仏具と法話』『秘境・邪馬台国』『仏教を推理する』『深く経蔵に入りて智慧海の如くならん』『観世音菩薩物語』『七福神物語』『歓喜の思想』『霊験』『誤殺―真説福岡誤殺事件』『それ無茶やがな』『それ迷信やで』『理趣経 百字偈のいのちを汲む』『理趣経 勧請句に学ぶ』『事相と布教』『加持祈禱の真髄』『施餓鬼回向の精神と功徳』『「般若心経秘鍵」と写経の功徳』『読経と写経の功徳』『読経の精神と功徳』『新・読経の精神と功徳』『母は多宝塔の造立者』『観音経の精神を汲む』『葬式の意義』『祈りなき現代に説く真言布教道』『毘沙門天王』『弘法大師と黒髪山』
『今井幹雄著作集』Ⅰ・Ⅱ・Ⅳ・Ⅴ『真言宗昭和の事件史』『真言宗百年余話』Ⅰ・Ⅱ・Ⅲ・別巻（真言宗年表）、他

修法《しゅほう》と布教《ふきょう》 付『仏伝《ぶつでん》』を読む

二〇一四年 七月二九日 初版第一刷発行

著者 今井幹雄
発行者 喜多村龍介
発行所 六大新報社
京都市南区猪熊通八条上ル戎光寺町一八三
発売 株式会社 法藏館
京都市下京区正面通烏丸東入
郵便番号 六〇〇-八一五三
電話 〇七五-三四三-〇〇三〇（編集）
〇七五-三四三-五六五六（営業）

装幀 濱崎実幸
印刷・製本 中村印刷株式会社

ISBN978-4-8318-6428-4 C0015
乱丁・落丁本の場合はお取り替え致します